职业教育改革与创新系列教材
首届全国机械行业职业教育优秀教材

优秀教材

模 具 概 论

主 编 秦 涵

副主编 张 强

参 编 孙京杰 柯建平

机 械 工 业 出 版 社

本书以介绍模具的概念与地位、模具的应用及模具技术的发展概况为基础，对模具成形技术与设备、常见模具结构及模具制造技术进行了全面的介绍，内容包括模具基础知识、冲压成形工艺及模具、塑料成形工艺及模具、其他模具和模具制造技术。

本书可作为职业院校、技工类学校和成人教育院校机械类、模具类及相关专业用教材，也可作为相关行业的岗位培训教材或工程技术人员自学用书。

图书在版编目（CIP）数据

模具概论/秦涵主编. —北京：机械工业出版社，2014.1（2025.1 重印）
职业教育改革与创新系列教材
ISBN 978-7-111-45507-3

Ⅰ.①模… Ⅱ.①秦… Ⅲ.①模具-高等职业教育-教材 Ⅳ.①TG76

中国版本图书馆 CIP 数据核字（2014）第 058741 号

机械工业出版社（北京市百万庄大街 22 号 邮政编码 100037）
策划编辑：张云鹏 责任编辑：张云鹏 版式设计：霍永明
责任校对：陈 越 封面设计：路恩中 责任印制：单爱军
北京虎彩文化传播有限公司印刷
2025 年 1 月第 1 版第 7 次印刷
184mm×260mm·7.75 印张·175 千字
标准书号：ISBN 978-7-111-45507-3
定价：25.00 元

电话服务 网络服务
客服电话：010-88361066 机 工 官 网：www.cmpbook.com
010-88379833 机 工 官 博：weibo.com/cmp1952
010-68326294 金 书 网：www.golden-book.com
封底无防伪标均为盗版 机工教育服务网：www.cmpedu.com

前　言

随着科技的高速发展，模具工业在国民经济和社会发展中的作用越来越突出，模具制造技术已成为工业生产的核心技术。当前，越来越多的人直接或间接从事与模具相关的岗位，他们急需了解各类模具及相关知识，掌握模具基本技术。

本书的编写既考虑到了知识的深度和广度，又突出了内容的科学性与实用性。全书共分为五章，除介绍模具成形工艺、模具结构设计、模具制造技术及材料、设备知识外，还融入了计算机、材料、机床发展史等与日常生活、工作息息相关的知识性、趣味性内容，具有较高的参考价值。

本书的具体内容和学时安排见下表。

章	内　容	建议学时
第一章　模具基础知识	主要介绍模具的概念与地位、模具的应用及模具技术的发展概况，使读者初步了解并认识模具	4
第二章　冲压成形工艺及模具	主要介绍冲压模具设计知识，包括冲压模具基础知识、冲压成形工艺及设备、冲压模具的分类及基本结构	6 ~ 8
第三章　塑料成形工艺及模具	介绍各种塑料材料及成型工艺、模具结构，包括注射、压缩、压注、挤出、中空吹塑、真空吸塑等成形技术及其模具结构	12 ~ 16
第四章　其他模具	主要介绍压铸成形工艺及模具、橡胶模具、玻璃模具和陶瓷模具	6 ~ 8
第五章　模具制造技术	主要内容包括模具加工设备及模具制造工艺等	8 ~ 12
合　计		36 ~ 48

本书由北京电子科技职业学院秦涵担任主编，负责编写第三章和第五章。北京电子科技职业学院张强任副主编，负责编写第四章。此外，参与编写的还有北京电子科技职业学院柯建平（负责编写第一章）和北京信息职业技术学院孙京杰（负责编写第二章）。全书由秦涵负责统稿。

在本书的编写过程中，得到了北京电子科技职业学院张景黎和北京百特钰龙模塑有限公司杨冰经理的大力支持，在此一并表示感谢。

由于编者水平有限，书中难免存在错漏和不足之处，敬请读者批评指正。

编　者

目　录

前言

第一章　模具基础知识 ·· 1

第一节　模具的概念与地位 ··· 1

第二节　模具的应用 ·· 2

第三节　模具技术发展概况 ··· 5

第二章　冲压成形工艺及模具 ··· 10

第一节　冲压模具基础知识 ··· 10

第二节　冲压成形工艺及设备 ··· 17

第三节　冲压模具的分类及基本结构 ··· 24

第三章　塑料成形工艺及模具 ··· 31

第一节　塑料 ··· 31

第二节　塑料成形工艺 ··· 36

第三节　塑料模具的分类及基本结构 ··· 56

第四章　其他模具 ··· 73

第一节　压铸成形工艺及模具结构 ··· 73

第二节　橡胶模具 ··· 81

第三节　玻璃模具 ··· 87

第四节　陶瓷模具 ··· 92

第五章　模具制造技术 ··· 99

第一节　模具加工设备 ··· 99

第二节　模具制造工艺 ·· 111

参考文献 ··· 117

第一章

模具基础知识

模具工业是现代制造业的重要组成部分，对国民经济和社会发展有着重要的推动作用。与普通机械加工或数控加工相比，模具加工具有极大的不确定性。无论注射、压铸类的高温流动成形模具，还是常温下冲压类的塑性成形模具，尽管都有着几十年的研究与应用历史，但往往还是要依靠现场调试经验支持。

模具基本上属于单件生产，其形状复杂，对结构强度、刚度、表面硬度、表面粗糙度和加工精度都有较高的要求。模具生产需要具有较高的技术水平，是一个国家或地区制造业水平的重要标志。作为现代工业产品生产的主要工艺装备之一，一套模具可以加工出几十万件甚至数百万件制品或零件。采用模具成形，可以大幅度降低生产成本，提高生产率，因此在确保质量要求的前提下，模具被广泛应用于各行各业。

第一节 模具的概念与地位

一、模具的概念

在工业生产中，采用各种压力机和安装在压力机上的其他装置，通过压力把金属或非金属材料制成所需形状零件或制品的专用工具统称为模具，如图1-1所示。

在日常生产或生活中，大到机床底座、机身外壳，小到螺钉、钮扣，以及各种家用电器产品外壳，无不与模具有着密切的关系。模具是用于成形物品的工具，是由多种零件构成的，它通过所成形材料物理状态的改变来实现物品外形的加工。模具的工作过程是在冲裁、成型冲压、模锻、冷镦、挤压、粉末冶金压制、压力铸造，以及工程塑料、橡胶、陶瓷等制品的压制或注射成形加工过程中，在外力的作用下，使坯料成为具有特定形状和尺寸的制品。

模具具有特定的轮廓或内腔形状，一般可分为凸模、凹模或动模、定模两大部分，在开模时装入坯料或取出制品，合模时使制品与坯料分离或成形。

模具的工作条件较为恶劣。在使用过程中，常处于急冷、急热或冷热交变的状态。为保证使用寿命及产品质量，模具材料应具有较高的强度、韧性和耐磨性。

二、模具在国民经济中的重要地位

利用模具成形零件，是一种少切削、无切削、多工序重合的生产方法。采用模具成形工

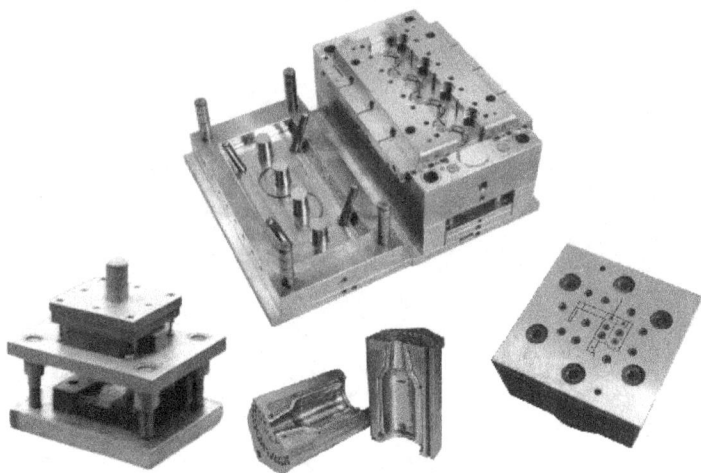

图 1-1　模具

艺代替传统的切削加工工艺，可以提高生产率，保证零件质量，节约材料，降低生产成本，从而取得较高的经济效益。当前，模具工业广泛应用于机械、电子、交通和国防等许多重要领域。据统计，70%以上的汽车、拖拉机、电动机、电器、仪表零件，80%以上的塑料制品，70%以上的日用五金及耐用消费品零件都是采用模具生产的。由此可见，利用模具生产零件的方法已成为现代工业进行成批生产或大批量生产的主要技术手段，这对于保证制品质量、缩短试制周期、争先占领市场，以及产品更新换代和新产品开发都具有决定性的意义。德国把模具称为"金属加工中的帝王"，把模具工业视为"关键工业"；美国把模具称为"美国工业的基石"，把模具工业视为"不可估其力量的工业"；日本把模具说成是"促进社会富裕繁荣的动力"，把模具工业视为"整个工业发展的秘密"。我国将模具工业视为整个制造业的"加速器"，称之为"一切工业之母"。

长久以来，机床、刀具工业在各工业发达国家中都占有非常重要的地位。但是，随着模具工业的兴起，模具成形工艺已在各工业部门得到了极其广泛的应用，使得模具行业的总产值已经大大超过了机床、刀具工业的总产值。在国民经济的发展过程中，在各工业发达国家对世界市场进行激烈争夺的过程中，越来越多的国家和地区采用模具进行规模化生产，模具工业已明显成为技术、经济和国力发展的关键。

在我国，存在着工业产品质量普遍较差，老产品更新速度慢，新产品开发不出来，能源消耗指标高，材料消耗量大等许多问题，这一切都与我国模具生产技术相对落后，没有一个强大而先进的模具工业密切相关。为使国民经济获得高速发展，尽快缩短与发达国家之间的差距，唯一的出路就是尽快发展模具工业，充分发挥其在国民经济中的关键作用。

第二节　模具的应用

模具的应用极为广泛，汽车、自行车、缝纫机、照相机、电动机、电器和仪表等机电产品及日用器具的制造都大量使用模具。

一、模具技术在交通工具制造业中的应用

汽车工业是我国国民经济的五大支柱产业之一。作为发展重点，汽车模具的地位已在汽车工业产业中得到确定。无论何种品牌，在每辆汽车中，均有数千种零件是通过模具制造而成的。为了适应市场需求，每一个车型的更新换代都有超过80%的模具需要更换，价值上亿元。图1-2所示为汽车保险杠模具。

二、模具技术在家用电器产品中的应用

在家用电器产品中，许多零部件的生产都离不开模具。在一台电冰箱中，需要通过

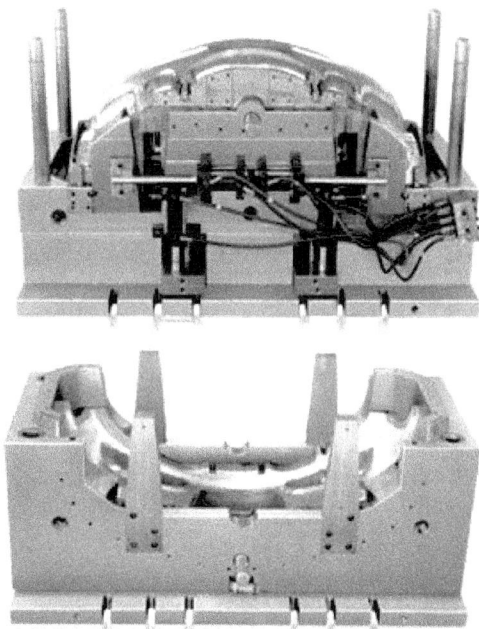

图1-2　汽车保险杠模具

模具制造的零部件超过100个，价值数百万元。在电视机、洗衣机、空调器、家用计算机等家电产品，电话机、手机、对讲机等通讯器材及锅、碗、勺、杯、瓶等民用产品中，许多零件也都是通过模具制造而成的。

图1-3所示为液晶电视背板冲压模具。

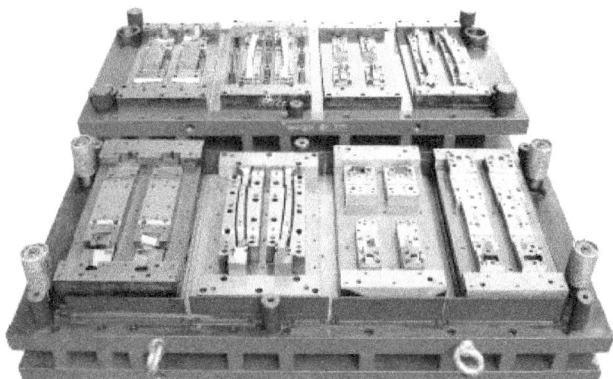

图1-3　液晶电视背板冲压模具

三、模具技术在石油化工中的应用

石油化工作为一个新兴工业，是20世纪20年代随石油炼制工业的发展而形成，于第二次世界大战期间成长起来的。第二次世界大战结束后，石油化工的高速发展使大量化学品的生产从传统的以煤及农林产品为原料，转移到以石油及天然气为原料。目前，石油化工已成

为化学工业中的骨干产业，在国民经济中占有极为重要的地位。

石油化工工业中，石油及天然气生产的化学品品种极多、范围极广。石油化工原料主要为来自石油炼制过程中产生的各种石油馏分和炼厂气，以及油田气和天然气等，这其中很大的一部分需要由模具制造出的塑料管道输送。石油化工生产的聚乙烯、聚丙烯和其他树脂材料也是需要塑料模具成形后，才能用于生产和生活中的。

各种管道中的弯头及三通模具如图1-4所示。

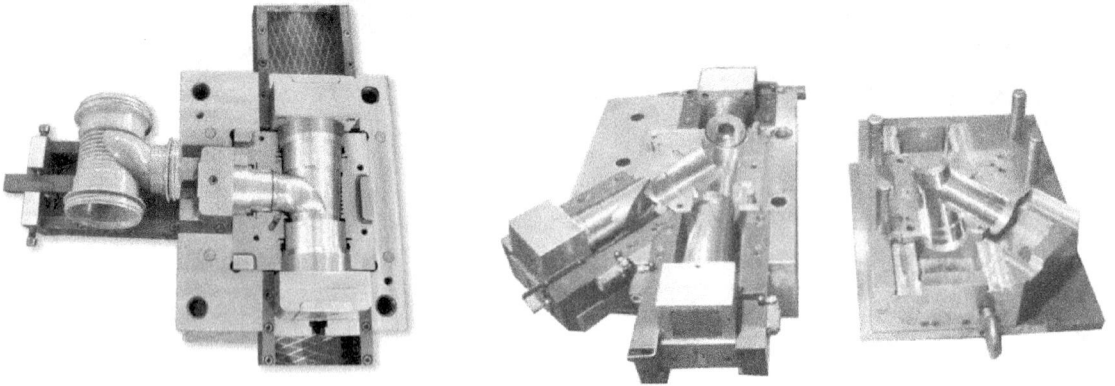

图1-4 弯头及三通模具

四、模具技术在建筑业中的应用

当前，塑料管道已普及应用到建筑、给排水、供暖、城市燃气输送、农村沼气及燃气输送、城镇自来水、市政排水、排污、农村人畜饮水改造、农业排灌、电力通讯等诸多领域。人们将塑料管道誉为城市的血管，可见其与人们生活联系的紧密性。此外，用于各类建筑的塑钢门窗、地板砖、墙砖及卫生洁具等的生产，也需要大量模具。

图1-5所示为地板砖模具及塑钢窗挤出模具。

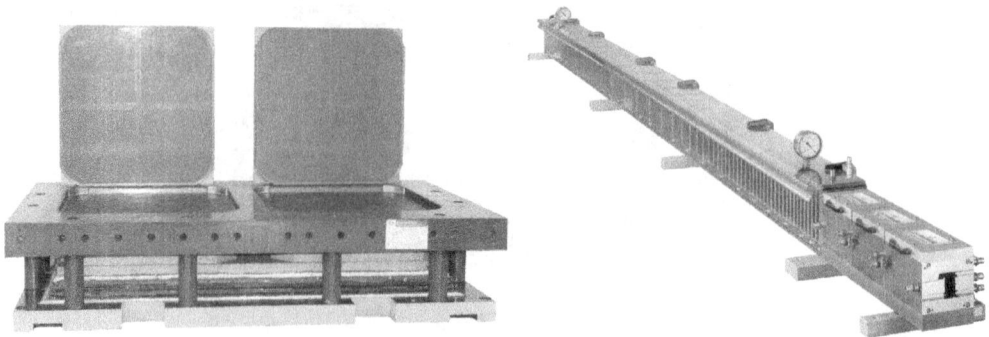

图1-5 地板砖模具及塑钢窗挤出模具

五、模具技术在军事工业中的应用

作为重要的战略物资，模具及模具制品在军事国防上的应用极为广泛，上到导弹，下到地雷；大到军舰、飞机，小到枪炮、子弹，无不用到模具。

总之，随着现代社会的不断发展以及模具技术的不断提高，越来越多的产品开始依赖于模具生产。目前，模具企业被称为"朝阳企业"，中国的"模具时代"已经来临。

第三节 模具技术发展概况

一、模具的历史

考古发现，早在 2000 多年前，我国已有冲压模具被用于制造铜器，足以证明中国古代在冲压成形及模具方面的成就与地位。

随着历史的发展和进步，模具逐渐被应用于各行各业，而且范围越来越广，如图 1-6 所示。

图 1-6 模具的应用

二、我国模具及 CAD/CAM 技术的发展状况

1. 我国模具的发展与现状

1953 年，长春第一汽车制造厂成立了冲压模具车间，并于 1958 年开始制造汽车覆盖件模具。

自 20 世纪 70 年代末期起，在政府的大力支持下，我国已建立起较为完整的模具工业体系，包括国家、行业和企业建立的模具技术研发机构，模具材料生产和供应体系，两万余家模具制造企业和 60 多个全国和地区级模具行业协会。在全国各个省、自治区和直辖市中，广东、浙江、江苏及上海等省市的模具生产能力占全国（不含台湾省）总量的 80% 以上。

近年来，通过引进国际工业发达国家的设计、制造技术和自主创新，我国模具的技术水平有了较为明显的进步。随着 CAD/CAM 技术的普及，CAE、CAPP、PLM、ERP 等数字化技术已进入部分模具企业，并收到了良好的应用效果。与国际工业发达国家相比，我国模具的总体水平存在 10～15 年的差距。

受国内制造业快速发展的影响，我国模具工业从改革开放初期的年产值 20 亿元人民币增加到 2010 年的 1120 亿元人民币。从 1996 到 2005 年，连续 10 年增长率超过 20%。考虑到相当数量的模具没有进入交易市场，我国模具的年生产能力已接近 1800 亿元人民币。

进入 21 世纪，随着我国模具水平和生产力的提高以及国外发达国家制造业的转移，加速了我国模具走向国际市场的步伐。从 1999 年的 1 亿美元到 2010 年的 22 亿美元，我国模具的年出口额平均增速超过 20%，并首次实现了贸易顺差。从进出口模具类型和档次看，我国出口的模具多是中低档次的塑料模具和冲压模具，这些模具除了一些发展中国家尚不具备生产能力外，大部分工业发达国家由于成本原因而不再生产。在进口模具方面，主要包括欧美及日本生产的复杂、精密、长寿命模具。

2. 模具 CAD/CAM 技术的发展状况

1984 年，由原华中工学院和武汉 733 厂共同完成的 CAD/CAM 系统是我国第一个自行开发的模具 CAD/CAM 系统。1986 年，原华中工学院和北京模具厂共同完成了我国自行开发的第一个冲裁模 CAD/CAM 系统。同年，上海交通大学也开发完成了冲模 CAD/CAM 系统。

20 世纪 90 年代，国家科委 863 计划将东风汽车公司作为 CIMS 应用示范工厂，由原华中理工大学作为技术依托单位，开发汽车车身与覆盖模具 CAD/CAPP/CAM 集成系统，并于 1996 年初通过鉴定。在此期间，一汽和成飞汽车模具中心引进了工作站和 CAD/CAM 软件系统，并在模具设计制造中实际应用，取得了显著的经济效益。1997 年，一汽引进了板料成形过程计算机模拟 CAE 软件并开始用于生产。

进入 21 世纪，CAD/CAM 技术逐渐普及。目前，具有一定生产能力的模具企业几乎全部具备了 CAD/CAM 技术，其中部分骨干企业还具备了 CAE 能力，并将其运用到生产实践中去，取得了良好的经济效益。

三、模具技术的发展趋势

为了提高模具精度及质量，缩短交货期，降低价格，模具技术将向数字化的趋势发展。

1. 在模具设计制造中全面推广 CAD/CAM/CAE 技术

模具 CAD/CAM/CAE 技术是模具设计制造的发展方向。在普及模具 CAD/CAM 技术的同时，CAE 技术将得到越来越广泛的应用。随着计算机软件行业的不断进步，模具设计制造软件将向智能化和集成化的方向发展。

2. 快速原型制造（RPM）及相关技术的推广与发展

快速原型制造（RPM）技术是伴随计算机技术、激光成形技术和新材料技术的发展而产生的全新制造技术，是根据零件的 CAD 模型，快速、自动完成复杂三维实体模型的制造过程。RPM 技术是集精密机械制造、计算机、NC 技术、激光成形技术和材料科学最新发展的高科技技术，被公认为新的技术革命。

3. 高速铣削加工将得到更广泛的应用

在高速铣削加工中，机床主轴转速为 40000 ~ 100000r/min，快速进给速度为 30 ~ 40r/min，换刀时间为 1 ~ 2s。与传统的切削加工相比，高速切削加工具有温度低、热变形小等优点。在大幅度提高加工效率、降低加工表面粗糙度值的同时，高速铣削加工还可以加工硬度为 60HRC 的模块。高速铣削加工技术的发展为汽车、家电行业中大型型腔模具的制造注入了新的活力，该技术必将在模具制造业中得到越来越广泛的认可。

4. 模具高速扫描及数字化系统将在逆向工程中发挥更大作用

高速扫描机和模具扫描系统可以提供从模型或实物扫描到加工出所需模型的诸多功能，大幅度缩短了模具的研制周期。将快速扫描系统安装在数控铣床及加工中心上，可以实现快速数据采集，并自动生成数控加工程序及不同格式的 CAD 数据，用于模具制造业的"逆向工程"。目前，模具高速扫描及数字化系统已用于汽车、摩托车及家电制造业。在未来的几年，该技术必将在模具生产中发挥越来越重要的作用。

5. 电火花铣削加工技术将得到发展

电火花铣削加工技术也称为电火花成形加工技术，是采用高速旋转的简单管状电极进行三维或二维轮廓加工的新技术。电火花铣削加工技术无需制造复杂的成形电极，是电火花成形加工领域的重大突破，必将在模具制造业中得到进一步的发展。

6. 超精加工及复合加工技术将得到发展

随着纳米技术在航空、航天工业中的广泛应用，越来越多的成形零件需要具有超高精度。在模具向精密化和大型化方向发展的今天，精度超过 $1\mu m$ 的超精加工技术和集电、化学、超声波、激光等技术于一体的复合加工将得到发展，兼备两种以上工艺特点的复合加工技术在今后的模具制造中将具有广阔的发展前景。

7. 热流道技术将得到推广

采用热流道技术可以提高成形零件的质量和生产率，并大幅度节约原材料和能源。在国外，热流道技术发展迅速。目前，许多塑料模具厂生产的模具已有近一半用上了热流道技术，有的厂家甚至已达80%以上，效果十分明显。近年来，我国已开始推广使用热流道技术，但总体还达不到10%。随着热流道技术的进一步推广以及热流道元器件价格的日趋合理，该技术必将得到推广。

8. 气体辅助注射技术和高压注射成形等工艺将进一步发展

气体辅助注射成形具有注射压力低、制品翘曲变形小、表面质量好及可成形壁厚差异较大的制品等优点，可大幅度降低产品成本。目前，国内汽车和家电行业中正逐步推广使用气体辅助注射成形技术。

在注射成形过程中，影响零件精度的最大因素是成形收缩，高压注射成形可以提高塑料制品尺寸的稳定性。

注射压缩成形技术是在半开模状态或在锁模力保持中压或低压，模具在设定的打开量下，注射熔融树脂，然后以最大的锁模力进行压缩成形的过程。采用注射压缩成形技术，可以用较小的注射力得到局部内应力小、缩孔少的厚壁成形件。

金属、陶瓷粉末注射成形工艺经过"七五"和"八五"期间的技术攻关，在"九五"时期开始产业化。该工艺适用于制造 $0.2\sim200g$，几何形状复杂、精密以及具有特殊要求的小型零件，具有生产率高、易于实现大批量生产的特点。

9. 模具标准化程度将不断提高

目前，随着我国模具标准化程度的不断提高，模具标准件的使用覆盖率已达30%。为了适应模具工业的发展，模具标准化的程度将进一步提高，模具标准件的生产也必将得到发展。

10. 优质模具材料及先进表面处理技术将进一步得到重视

在模具价格构成中，材料所占比例为10%～30%。选用优质钢材和应用相应的表面处理技术对提高模具的使用寿命尤为重要。

模具热处理和表面处理是是否能充分发挥模具钢材料性能的关键环节。模具热处理的发展方向是采用真空热处理。模具表面处理除完善渗碳、渗氮、渗硼、渗铬和渗钒等常用方法外，应发展设备昂贵、工艺先进的气相沉积（TiN、TiC等）和等离子喷涂等技术。

铝合金材料具有重量轻，可加工性好，热导率、电导率高，焊接性优良等优点。采用铝合金制作塑料模具，可得到10万次以上的使用寿命，并达到缩短模具制造周期、降低模具成本的目的。

11. 模具研磨抛光将向自动化和智能化方向发展

表面质量对模具的使用寿命和成形零件的外观质量影响显著。目前，我国仍以手工研磨抛光为主，具有效率低、工人劳动强度大、质量不稳定等缺点，严重制约了我国模具的发展。为了提高模具的表面质量，研究抛光自动化和智能化必将成为模具发展的趋势。由于模具型腔形状复杂，所以应注意发展特种研磨与抛光方法，如挤压研磨、电化学抛光、超声抛光以及复合抛光工艺与装备等。

12. 模具自动加工系统的研制与开发

随着各种新技术的迅速发展，国外已出现了模具自动加工系统，该系统的特征是多台机床合理组合，配有随行定位夹具或定位盘，具有完整的机具、刀具数控库，具有完整的数控柔性同步系统，具有质量监测控制系统。目前，模具自动加工系统的应用范围尚不够广泛，但该技术的研制与开发是我国模具工业长远发展的目标之一。

知识窗

CAD（Computer Aided Design）计算机辅助设计：指利用计算机及其图形设备帮助设计人员进行设计工作，完成对不同方案进行的计算、分析和比较；各种信息的存储及快速检索；进行图形绘制，使设计人员及时对设计作出判断和修改，进行放大、缩小、平移、旋转等有关的图形数据加工工作。

CAM（Computer Aided Manufacturing）计算机辅助制造：指计算机数值控制，简称数控，是将计算机应用于制造生产过程的过程或系统。

CAE（Computer Aided Engineering）：指工程设计中的计算机辅助工程，即用计算机辅助求解分析复杂工程和产品的结构力学性能以及优化结构性能等。

CIMS（Computer Integrated Manufacturing Systems）：指通过计算机软硬件，并综合运用现代管理技术、制造技术、信息技术、自动化技术和系统工程技术，将企业生产全部过程中有关的人、技术、经营管理三要素及其信息与物流有机集成并优化运行的复杂的大系统，指计算机现代集成制造系统。

CAPP（Computer Aided Process Planning）：指借助于计算机软硬件技术和支撑环境，利用计算机进行数值计算、逻辑判断和推理等的功能来制订零件机械加工工艺过程。借助于 CAPP 系统，可以解决手工工艺设计效率低、一致性差、质量不稳定、不易达到优化等问题。

PLM（Product Lifecycle Management）产品生命周期管理：是应用于在单一地点的企业内部、分散在多个地点的企业内部，以及在产品研发领域具有协作关系的企业之间的，支持产品全生命周期信息的创建、管理、分发和应用的一系列应用解决方案，它能够集成与产品相关的人力资源。

ERP：指建立在信息技术基础上，以系统化的管理思想为企业决策层及员工提供决策运行手段的管理平台。它是从 MRP（物料需求计划）发展而来的新一代集成化管理信息系统，扩展了 MRP 的功能，其核心思想是供应链管理。

思考与练习

1. 什么是模具？举例说明模具的用途。
2. 模具技术的发展趋势包括哪些？
3. 高速铣削机床的主轴转速为多少？换刀时间是多少？
4. 什么是电火花成形加工技术？
5. 采用铝合金制作塑料模具有何优点？
6. 为何要研究自动化和智能化抛光？

第二章

冲压成形工艺及模具

第一节 冲压模具基础知识

一、冲压技术的发展概况

在生产中，常见的金属加工方法包括铸造、焊接、热处理、金属切削加工、金属塑性加工和特种加工等。冲压加工又称板料冲压，是金属塑性加工方法中的一种，是在室温下，利用安装在压力机上的模具对材料施加压力，使其产生分离或塑性变形，从而获得所需零件的加工方法。

冲压加工的历史可以追溯到两千多年以前。那时，我国已开始采用冲压模具制造铜器。

20世纪20年代，金属制品、玩具及小五金行业开始采用压力机等简易机械设备及落料、冲孔用的"刀口模子"和用于金属拉深的"坞工模子"等模具加工产品毛坯及某些零部件。当时的模具除使用少量简陋的通用设备外，仍以手工加工为主，故精度不高、损坏率大，各厂所使用的冲压设备功率较小，多处于手扳脚踏阶段。

从20世纪50年代初期长春第一汽车制造厂的国内第一个冲模车间开始，到20世纪60年代，冲压模具已经从原来的单落料模具和单冲孔模具发展为落料、冲孔复合模。随着冲压模架及模具标准件的出现，热处理技术的进步及检测手段的日趋完善，冲压模具的使用寿命比以前提高了5~7倍。在这一时期，成形磨削、电火花及线切割机床相继应用于模具制造业，使得冲压模具的制作工艺有了新的发展和飞跃。

20世纪70年代以后，斜度线切割机的出现取代了冲压模具传统的制作工艺，降低了模具的表面粗糙度值，将模具的加工精度提高到0.01mm。

近年来，我国冲压模具技术水平突飞猛进。当前，一些厂家可以生产单套重量超过50t的大型冲压模具。精度达到1~2μm，使用寿命超过2亿次的多工位级进模也有多家企业能够生产。表面粗糙度值达到$Ra1.6\mu$m的精冲模，直径超过300mm的大尺寸精冲模及中厚板精冲模在国内也已达到相当高的水平。

迄今为止，我国的冲压技术已经广泛应用于军工、机械、农机、电子、信息、铁道、邮电、交通、化工、医疗器具、家用电器及轻工、航空航天等领域。

在日常工作和生活中，各类冲压件随处可见。据统计，自行车、缝纫机、手表里有

80%是冲压件，电视机、收录机、摄像机里有90%是冲压件，食品金属包装罐壳、钢精锅、搪瓷盆碗及各类不锈钢餐具均为使用模具生产的冲压加工产品。在我们每天使用的家用计算机、移动电话等电器产品的硬件里，也不乏大量的冲压件，如图2-1所示。

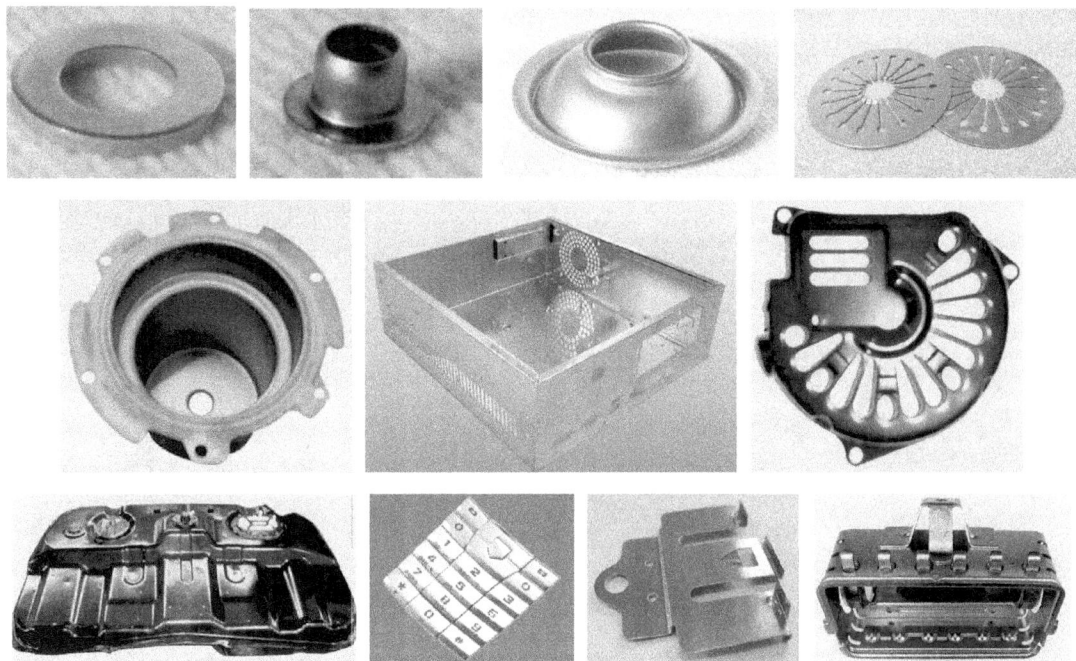

图2-1　冲压件

二、冲压技术的特点及应用

冲压加工是使用安装在冲压设备上的模具对平板材料进行切断或变形的加工方式，这种方式决定了冲压技术的特点受到三个元素的影响，即冲压板料、模具和冲压设备。

冲压板料的厚度一般不超过6mm，钢板表面要求平整、光滑，不能有凹凸不平等表面缺陷。由于采用板料成形，所以冲压件和铸造件、锻造件及切削加工件相比，具有件薄、匀轻、强度高等特点。冲压加工可以生产出其他加工方法不易加工出的带有翻边、起伏等结构的工件，而且工件尺寸统一、规格一致，非常适用于大批量生产。

冲压模具可以认为是板料冲压的专用工具。与其他工具相比，冲压模具具有专用性和精密性等特点。有时，一个复杂的零件需要采用多套模具进行加工。随着产品精度要求的日益提高，对模具技术的要求也越来越高。可以说，模具的设计与制造是高技术、高精度加工的集成，而且只有在批量生产的情况下，模具的成本才能下降，冲压加工的特点才能更充分地体现出来，从而获得更好的经济效益。

与传统机械加工及塑性加工的其他方法相比，冲压加工无论在技术方面还是经济方面，都具有许多独特的优越性。

冲压加工依靠冲压设备及模具完成，具有生产率高、操作方便、易于实现机械化、自动化等特点。普通压力机的行程次数为每分钟几十次,高速压力机可达数百次甚至千次以上。冲压时,模具保证了冲压件的尺寸与形状精度,且一般不破坏冲压件的表面质量。模具具有较长的使用寿命及稳定的质量,是冲压件质量的良好保证。采用冲压工艺,可加工小到钟表里的秒针,大到汽车纵梁、覆盖件等零件,且没有切屑和碎料生成。因此,冲压工艺是一种省料、节能的加工方法。

目前,使用较多的冲压设备为曲柄压力机,该类设备具有刚性和精度较高、结构简单、操作安全可靠、自动化程度高、使用方便等特点。此外,在高速多工位压力机的使用中,还有配套的开卷、校平、收集和运输等配套设备,如图 2-2 和图 2-3 所示。

图 2-2　收纳设备在高速多工位压力机中的应用　　图 2-3　开卷、校平设备在冲压加工中的应用

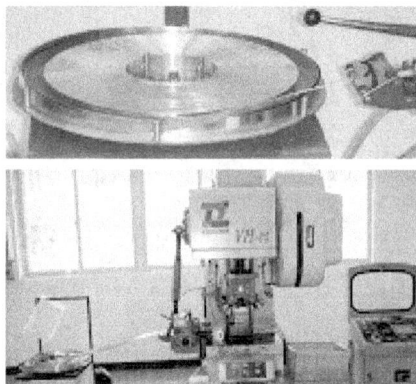

冲压过程是通过外力切断板料或使其产生变形的,在加工过程中,会产生噪声和振动两大公害,操作安全事故也时有发生。但是,以上问题并不完全是由于冲压加工工艺及模具本身造成的。随着科学技术的进步,特别是计算机技术的普及以及机电一体化技术的发展,这些问题一定会得到圆满的解决。

三、常用冲压材料

1. 冲压件材料

冲压件材料种类繁多,根据形状的不同,可分为板料、条料、带料或块料。板料的面积较大,多用于大型冲压件的加工。对于中小型零件,可以将板料剪裁成条料后再进行冲压加工。带料又称卷料,展开长度可达几十米,多用于自动送料加工。块料常用于冷挤压加工中。

根据性能的不同,冲压件材料可分为钢铁材料、非铁金属材料和非金属材料三大类。钢铁材料一般包括普通碳素结构钢、优质碳素结构钢、合金结构钢、碳素工具钢、不锈钢和硅钢片等;非铁金属材料常见的有黄铜和铝等材料;非金属材料包括塑料和纸板等。在实际生产中,较为常见的是金属板料和带料的冲压加工。

不论何种材料,都有以下几点要求。

1) 厚度精确、均匀。冲压模具精密、间隙小,厚度过大会增加板料的变形力,并造成卡料,甚至将凹模胀裂。板料过薄会影响成品质量,甚至在拉深时出现拉裂。

2）表面光洁、无斑、无疤、无擦伤、无表面裂纹。材料上的一切表面缺陷都将存留在成品工件表面，裂纹性缺陷在弯曲、拉深、成形等过程中可能向深处扩展，造成废品。

3）屈服强度均匀，无明显的方向性。在拉深、翻边、胀形等冲压过程中，各向异性的板料因各方向屈服有先后，塑性变形量不一致而引起不均匀变形，造成成型不准确而产生次品或废品。

4）均匀延伸率高。在抗拉试验中，试样开始出现缩颈现象前的延伸率称为均匀延伸率。拉深时，板料任何区域的变形不能超过材料的均匀延伸范围，否则会出现不均匀变形现象。

5）屈强比低。材料的屈服强度与抗拉强度之比称为屈强比。较低的屈强比不仅能降低材料的变形抗力，还能减小拉深时起皱的倾向及弯曲后的回弹量，提高弯曲件的精度。

6）加工硬化性低。冷变形后出现的加工硬化现象会提高材料的变形抗力，增加继续变形的难度。冲压时，多采用低硬化指数的板材。相对而言，硬化指数高的材料的塑性变形稳定性好（即塑性变形较均匀），不易出现局部性拉裂。

2. 模具零件的材料要求

模具的精度和结构直接影响冲压件的成型和精度。模具制造成本和寿命是影响冲压件成本和质量的重要因素，模具零件材料的选用是影响模具质量的要素之一。选择模具材料时，要根据模具的使用条件，综合分析材料的基本性能。

普通冲裁模的组成如图2-4所示。模具上模部分由模柄、上模座、垫板、凸模固定板、凸模和卸料板等组成，下模部分由凹模和下模座等组成。上模部分的模柄安装在压力机模柄孔内，随压力机滑块上下运动。下模部分通过压板固定在压力机工作台上。在模具的工作零件中，凸模的尺寸比凹模型孔尺寸略小，凸模与凹模型孔组成有一定间隙值的上、下刃口。工作时，条料放置于凹模板上，凸模随滑块向下运动时，迅速冲穿条料进入凹模型孔内，使工件与条料分离而完成冲裁。

对于纯冲裁，主要要求工作零件刃口部分有较高的硬度和耐磨性，并且具有较好的抗弯强度和韧性。例如，级进模是要求高效、高精度和高使用寿命的三高模具，对工作零件材料的要求更高，故常选用优质合金工具钢或硬质合金材料。

对于弯曲模和拉深模，主要要求刃口部分具有较高的耐磨性，尤其是拉深模，其次要求

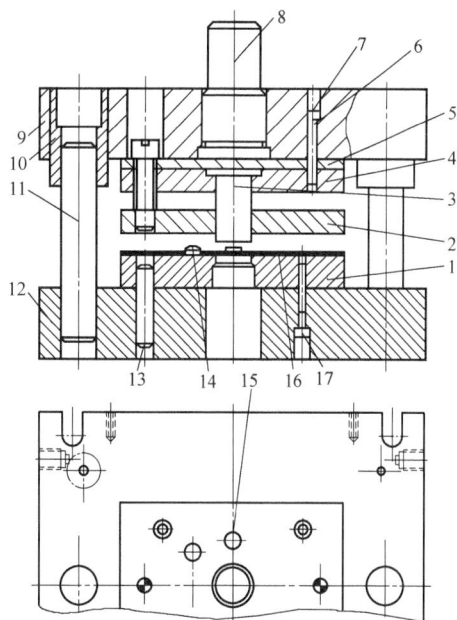

图 2-4 普通冲裁模的组成
1—凹模 2—卸料板 3—凸模 4—凸模固定板
5—垫板 6、17—螺钉 7、13—销钉 8—模柄
9—上模座 10—导套 11—导柱 12—下模座
14—固定导料销 15—挡料销 16—板料

具有良好的抗粘附性和韧性。

对于冷镦模和挤压模，主要要求刃口部分具有较高的强度，其次要求有足够的韧性及表面硬度等，以保证工作时模具不变形或不被破坏。

模具中的结构件，如固定板和垫板等，除了强度要求外，还要求热处理变形小，工作时不变形或变形很小。

此外，还要综合考虑模具寿命和成本。常用模具零件及材料见表 2-1。

表 2-1 常用模具零件及材料

模具零件	序号	常用零件	常用材料	备　注
工作零件	1	凸模 凹模 凸凹模	Cr8、Cr12、CrWMn 等模具钢	Cr 质量分数为 12% 的金属材料耐磨性好，很少产生变形；通过高温回火后，硬度可达 60～63HRC，韧性也有所增强，使用广泛
			Cr12MoV1(D2)、Cr12MoV(SKD11)	高碳高铬冷作模具钢，热处理后硬度可达 60～63HRC
			YG15、ASP-23、W6Mo5Cr4V2(SKH9)	在高精度的级进模中常用
定位零件	2	导料销 挡料销	45 钢、合金钢	多为标准件，在高精度、高效率的级进模中常用合金钢等高硬度材料
	3	导料板	Q235、45 钢、T8A 等	45 钢需调质处理
	4	侧刃	模具钢	等同于凸模，性质见序号 1
卸料、压料和出件零件	5	卸料板 顶件板 推件装置等	45 钢、T8A 等	45 钢可达 43～48HRC，T8A 可达 56～60HRC
导向零件	6	导柱、导套	20 钢、T8A、GCr15 等	多为标准件，滚珠、导柱、导套用钢
固定、支承零件	7	模座	铸铁、45 钢、铝合金等	普通模具采用铸铁；三高模具采用 45 钢；特殊模具用铝合金
	8	固定板	45 钢、合金钢等	43～48 HRC
	9	垫板	合金钢	58～62HRC
模柄	10	模柄	Q235、45 钢等	

常见冲压工序综合受力由小到大的顺序通常为弯曲、成形、拉深、冲裁、冷挤压、冷镦。按照冲压工序进行模具材料选择时，顺序为碳素工具钢、低合金工具钢、中合金工具钢、基体钢、高合金工具钢、高速钢、钢结硬质合金、硬质合金、细晶粒硬质合金。

在冲模中，工作零件的寿命在很大程度上影响着整个模具的寿命。模具工作零件必须具有优秀的耐磨性和高的耐压缩强度、抗冲击性、韧性和疲劳强度。

模具工作零件以合金钢、模具钢和高速钢为主，表 2-2 给出了模具材料中添加的常见合金元素的作用。

表2-2　模具材料中合金元素的作用

成分	作　用
C	与 Cr、W、Mo、V 等形成碳化物，可产生耐磨性，C 越多硬度越高
Cr	耐磨性、耐蚀性增强
Mo、W	与 Fe、Cr、C 化合，形成较硬的复合碳化物，提高耐磨性、淬火硬化性及高温时的硬度
V	耐磨性、韧性增强
Co	高温下的硬度和回火硬度增大
Mn	淬透性、韧性增强
Ni	强化基体，提高耐回火性

实际生产时，可以根据制品的产量确定凸、凹模材料。制品产量和所用工作零件材料的关系见表2-3。

表2-3　制品产量和所用工作零件材料的关系

制品产量	<10 万	>10 万	<100 万		>100 万	
材料名称	优质碳素工具钢	低合金工具钢	高合金工具钢	高强度基体钢	高速钢	钢结硬质合金硬质合金
牌号举例	T8A T10A	CrWMn 9Mn2V	Cr12MoV	6Cr4W3Mo2VNb	W18Cr4V	GT35\YG11\YG15

3. 模具零件常用材料

（1）硬质合金　硬质合金是以高硬度难熔金属的碳化物（WC、TiC 等）微米级粉末为主要成分，以钴（Co）或镍（Ni）、钼（Mo）为粘结剂，在真空炉或氢气还原炉中烧结而成的粉末冶金制品。与模具钢相比，硬质合金属于脆性材料，但其硬度高、耐磨、耐热、耐腐蚀，特别是它的高硬度和高耐磨性，即使在 500℃ 时，也基本保持不变，在 1000℃ 时，仍具有很高的硬度。硬质合金作为冷作模具用材料时的特点见表2-4。

表2-4　硬质合金作为冷作模具用材料时的特点

序号	项目	说　明
1	制品质量	制品精度高，尺寸稳定性好，毛刺极小
2	寿命	一次刃磨寿命是钢模的 10～30 倍，模具总寿命是钢模的 20～40 倍
3	费用	材料昂贵，模具价格高，刃磨时间长、次数少

（2）钢结硬质合金　钢结硬质合金是介于硬质合金和模具钢之间的一种新型模具材料，其性能介于钢和硬质合金之间，比硬质合金韧性好，但是比合金工具钢脆，具有高硬度、高耐磨性和高韧性的特点。钢结硬质合金不适合承受高冲击力，寿命比模具钢高数倍，常用于大批量生产的冷镦模、挤压模等冷作模具。钢结硬质合金分为 TiC 和 WC 两类，常见 TiC 型的牌号为 GT35、R5、T1 和 D1，WC 型的牌号为 TLMW50、TMW50、W50 和 GW50 等。

（3）粉末冶金高速钢　粉末冶金高速钢简称粉末高速钢、粉末钢等，是将高速钢的微细粉末经压制烧结而成的一种高速钢。粉末冶金高速钢具有粉末冶金固有的优点，变形量为普通高速钢的 0.25～0.5 倍，主要特点包括热处理变形小，尺寸稳定，无化学成分偏析现象，碳化物分布均匀，合金成分不受材料直径大小影响等，常见牌号为 GF3。

（4）GD 钢　GD（6CrNiMnSiMoV）钢是一种高强度、高韧性的低合金冷作模具钢，在钢材中加入了少量 Ni、Si 元素。

（5）D2 美国 D2（Cr12Mo1V1）合金工具钢是一种耐磨性较佳的通用冷作模具钢，相当于国内的 Cr12MoV 钢，是国际上较多采用的高碳高铬冷作模具钢。D2 钢属于莱氏体钢，具有高淬透性、高淬硬性、高耐磨性和高温耐氧化性，淬火和抛光后耐锈蚀能力好、热处理变形小，宜制造各种高精度、长寿命的冷作模具，是高耐磨、微变形冷作模具钢、风冷硬化工具钢，碳的质量分数高达 1.5%，铬的质量分数高达 12%，经热处理后，硬度可达 60HRC。D2 钢适用于各种不锈钢片、硅钢片、铝片的冲压模，质量能够达到美国模具钢通用标准 ASTMA681，属国际一般水平，基本能够满足国内外一般模具用户的使用要求。

（6）SKD 系列 日本模具钢 SKD 系列是一种高碳高铬合金工具钢，热处理后具有很高的硬度和耐磨性，且淬透性好，尺寸稳定性好，是当前较为常见的高精度、长寿命冷作模具材料。在 SKD 系列材料中，SKD11 相当于国内的 Cr12MoV 钢。SKD 系列材料若表面涂有厚度为 $4 \sim 7\mu m$ 的钒碳化物（VC）层，则可使材料更具耐磨性，表面硬度可达 3200 ~ 3800HV，具有优秀的耐磨性。此外，SKD 系列材料还具有良好的耐咬合性。在工作过程中，凸模上、下不易产生磨损，不易折损。

（7）TiCN 涂覆凸模 TiCN 涂覆凸模多为标准件，采用 PVD 方式（物理性处理方法）中的离子镀法对凸模刃口部位进行 TiCN 涂层处理，涂层厚度为 $3 \sim 5\mu m$，但硬度可达 3000HV，耐热性小于 400℃，颜色为青灰色，具有硬度高、摩擦因数小等优点，可以实现高速冲压，对于具有较高粘合力的材料（如不锈钢等）也有很好的效果。使用 TiCN 涂覆凸模，可以提高模具寿命和产品质量。

（8）WPC 处理凸模 WPC 处理凸模同样多为标准件，其特点不是提高金属的强度，而是提高金属的疲劳强度，是以提高金属耐疲劳性和耐磨性为目的的一种处理方式。

WPC 处理是以 $0.04 \sim 0.2mm$ 的微粒子，以 100m/s 的高速碰撞金属表面，在凸模表面产生高残留压缩应力，从而提高凸模的疲劳强度，对防止刃口折损和崩刃效果良好。试验表明，未进行表面处理的凸模经过 6 万次冲裁后，刃口端部会发生崩刃；而 WPC 处理过的凸模在经过 10 万次冲裁后，还未发现明显的崩刃。经过 WPC 处理后的凸模表面在抛光时会形成细微的凹凸（研磨抛光时一般会在研磨方向残留条痕），在该细微凹处会产生油积存，因此不易发生油膜断裂，可改善耐咬合性。研磨抛光产品的表面粗糙度值一般为 $Ra0.2\mu m$；WPC 处理后的表面相当于 $Ra0.4\mu m$。经过 WPC 处理后，凸模的硬度自内向外逐渐增强，不会降低凸模母材的韧性。

（9）HW 涂覆处理凸模 HW 涂覆处理凸模用于标准件。TiCN 涂覆处理是在对凸模施加高应力的条件下的涂覆，会产生涂层剥离问题。原因是较低硬度的凸模母材变形或者高硬度的涂层无法随母材的变形而伸缩。为解决此问题，可以采用 HW 涂覆处理。

HW 涂覆是通过 WPC 处理强化凸模母材，再在此表面进行 TiCN 覆膜，由此提高 TiCN 覆膜的粘附性。HW 涂覆兼具 TiCN 涂覆的优良耐磨性和 WPC 处理的高疲劳强度。

TiCN 涂覆凸模和 HW 涂覆处理凸模都可以承受 20 万次以上的冲裁，但通常 TiCN 涂覆凸模在经过 10 万次冲裁后，涂层开始剥离，毛刺高度开始增加。而 HW 涂覆处理凸模在 10 万次冲裁后，涂层完全不会剥离，直至 20 万次，毛刺高度仍增加缓慢。所以，HW 涂覆处理凸模可以冲裁类似 SUS304（不锈钢，相当于国内牌号 06Cr19Ni10）等难以切削的材料。

四、冲压技术的发展趋势

与国际先进水平相比，我国的冲压技术发展较为滞后，主要原因包括冲压生产市场不完善，大型冲压企业少，多数企业因冲压设备过于落后而制约发展；家电、电器类冲压件市场广阔，但缺少实力强劲、具有竞争力的企业；对冲压技术的研究投入太少，技术人才短缺等。当前，虽然国内冲压企业不少，但真正能够设计模具并进行冲压加工的企业并不太多。在加工方法不断创新的基础上，产品的集成化要求、激光焊接技术、内胀管技术的应用等，都对冲压技术提出了挑战。

在冲压产品方面，目前急需发展的是汽车覆盖件及多功能、多工位级进模产品和精冲产品等。汽车覆盖件的发展重点是技术要求高的中、高档轿车的大、中型覆盖件，尤其是外覆盖件。在多功能、多工位级进模产品中，重点发展的是高精度、高效率和大型、高寿命的级进模产品。对于精冲模来说，发展重点是厚板精冲模和大型精冲模产品。

就冲压模具技术而言，未来的发展趋势主要是朝信息化、高速化及高精度化方向发展。目前，应重点推广 CAD/CAM/ CAE 技术，特别是板材成形过程中的计算机模拟分析技术。模具 CAD、CAM 技术应向宜人化、集成化、智能化和网络化的方向发展，并提高模具 CAD、CAM 系统的专用化程度。

为提高 CAD、CAM、CAE 技术的应用水平，建立完整的模具资料库及开发专家系统和提高软件的实用性非常重要。在加工技术方面，应重点发展高速铣削、高速研抛、高速电加工及快速制模技术以及零件精度在 $1\mu m$ 以下和表面粗糙度值小于 $Ra0.1\mu m$ 的各种精密加工。

此外，发展全过程控制的加工模式，避免噪声、振动等问题，进一步提高模具的标准化程度，加强模具表面的各种强化超硬处理等方面也都是冲压技术发展的重点。

思考与练习

1. 冲压技术的特点是什么？
2. 常用冲压材料的种类和用途是什么？
3. 模具零件常用材料包括哪些种类？

第二节 冲压成形工艺及设备

一、冲压成形工艺简介

冲压件的形状、尺寸、精度、生产批量、原材料不同，所采用的冲压工序也不相同。根据材料的变形特点，可将冲压工序分为分离工序和塑性成形工序两类。

1. 分离工序

分离工序俗称冲裁，是指在冲压过程中，将冲压件与板料沿着一定的轮廓线相互分离，同时冲压件分离断面的质量也要满足一定的要求。分离工序主要包括落料、冲孔、切断、切边和切口等，见表2-5。

表2-5　常见分离工序的分类、特点及模具结构

工序名称	工序简图	工序特点	模具结构简图
落料	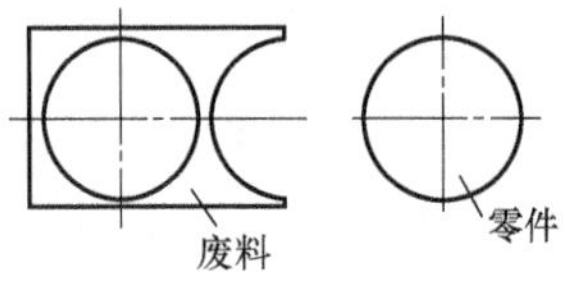 废料　零件	用冲模沿封闭轮廓曲线冲切，冲掉的部分是制品	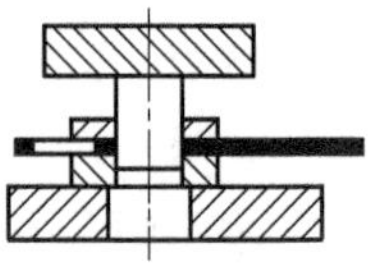
冲孔	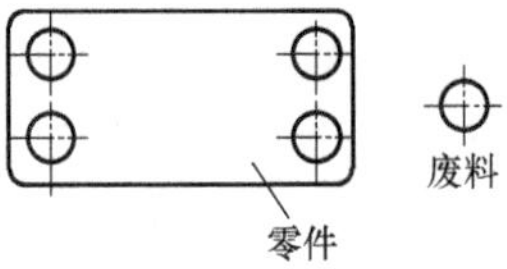 零件　废料	用冲模沿封闭轮廓曲线冲切，冲掉的部分是废料	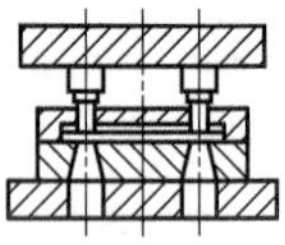
切断	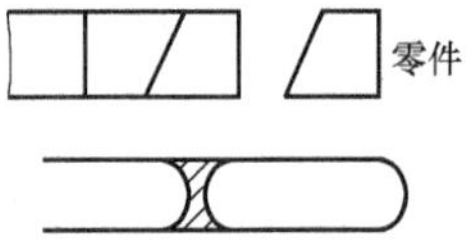 零件	用剪刀或冲模沿不封闭曲线将板料切断	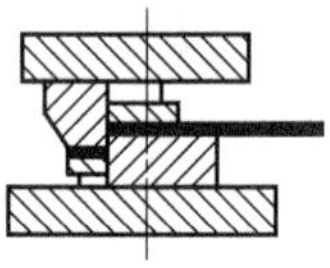
切边	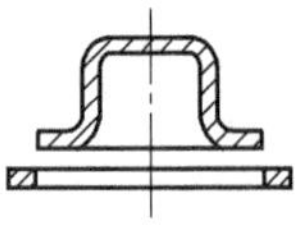	用冲模将工件边缘多余的材料冲切下来	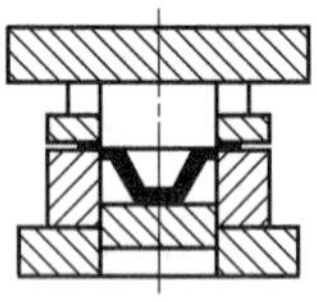
切口	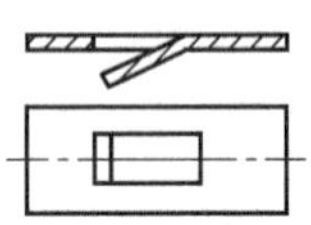	用冲模将板料局部切开而不完全分离，切口部分材料发生弯曲	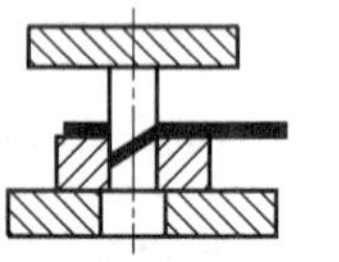

分离的主要原理是在冲压凸模和凹模之间存在一个合理的间隙值。凸模和凹模边缘非常锐利，合模时，利用剪切力切断板料使零件成形。

在凸模与凹模型孔间的间隙值合理的情况下，冲裁变形过程可分为三个阶段，如图2-5所示。

（1）弹性变形阶段　凸模下冲时，材料产生弹性压缩、拉伸和弯曲变形，凹模上的板料向上翘曲。凸模和凹模刃口间的间隙值越大，则翘曲越严重。与此同时，凸模稍许挤压进板料上部，板料下部则略微挤压入凹模型孔内。此时，材料内的应力未超过材料的弹性极限。

（2）塑性变形阶段　凸模继续下冲，对板料进一步施压，当材料内部应力达到屈服强度时，开始塑性变形阶段。此时，凸模挤压进板料上部，板料下部则挤压入凹模型孔内，形成光亮的塑性剪切面。此阶段直到板料靠近刃口附近侧面出现裂纹为止。此时，冲裁变形力达到最大值。因为凸模与凹模间存在间隙值，在这个阶段，冲裁区域的金属还会有弯曲和拉

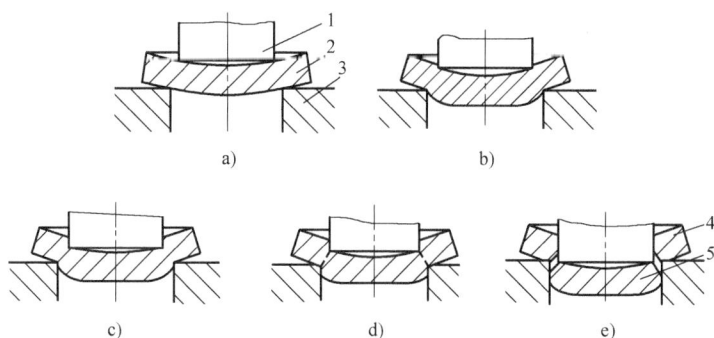

图 2-5　冲裁变形过程

a）弹性变形　b）塑性变形　c）出现裂纹　d）裂纹贯通　e）断裂分离

1—凸模　2—板料　3—凹模　4—冲孔为工件、落料为废料　5—落料为工件、冲孔为废料

伸，且间隙越大，弯曲和拉伸越大。

（3）断裂分离阶段　板料开始产生裂纹时，进入断裂分离阶段。一般情况下，裂纹先产生在靠近凹模刃口附近的侧面，然后是凸模刃口附近的侧面。随着凸模的不断下冲，上、下两裂纹不断向材料内部扩展，当裂纹重合时，板料完成分离。随后，凸模将分离开的材料推入凹模型孔内。

冲裁件的侧面有明显的冲裁特征，即圆角带、光亮带、断裂带和毛刺区四个特征区，如图 2-6 所示。

圆角带的形成是当凸模刃口压入材料时，刃口附近的材料产生弯曲和伸长变形，材料被拉入间隙的结果。

光亮带区域发生在塑性变形阶段。当刃口切入材料后，材料与凸、凹模切削刃的侧表面挤压而形成光亮垂直的断面，通常占全断面的 1/3～1/2。

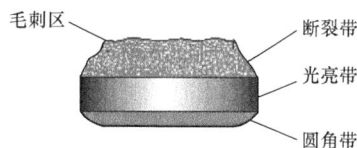

图 2-6　冲裁件的特征区

断裂带在断裂分离阶段形成，是由刃口附近的微裂纹在拉应力作用下不断扩展而形成的撕裂面，其断面粗糙，具有金属本色，且略带有斜度。

毛刺的形成是在塑性变形阶段后期，由于凸模和凹模的刃口切入被加工板料一定深度时，刃口正面材料被压缩，刃尖部分处于高压应力状态，使裂纹的起点不会在刃尖处发生，而是在模具侧面距刃尖不远的位置发生。在拉应力的作用下，裂纹加长，材料断裂而产生毛刺。裂纹的产生点和刃口尖的距离称为毛刺的高度。

普通冲裁件的断面呈锥形，无论落料还是冲孔，都只能以光亮带部分的尺寸为测量标准。光亮带是制品测量和使用的部位。落料时的光亮带由凹模作用造成，落料件的光亮带处于大端尺寸；冲孔时的光亮带由凸模作用造成，冲孔件的光亮带处于小端尺寸。落料时，工件的大端（光面）尺寸等于凹模尺寸；冲孔时，工件的小端（光面）尺寸等于凸模尺寸。

对冲裁件侧面四个断面区域大小的检测，可以判断模具刃口间隙值的合理性。当产品光亮带较小、毛刺又高又厚时，可以判断是由于间隙值过大造成的。若间隙过小，则会产生二次光亮带。

2. 塑性成形工序

塑性成形工序是指材料在不破裂的条件下产生塑性变形，继而获得一定形状、尺寸、公差和精度要求的零件的工序，主要包括弯曲、拉深、起伏、翻边、缩口、胀形和整形等工序，见表2-6。

表2-6　常见塑性成形工序的分类、特点及模具结构

工序名称	工序简图	工序特点	模具结构简图
弯曲		用模具将板料弯成一定角度或形状	
拉深		用模具将板料压成任意形状的空心件	
起伏		用模具将板料局部拉伸成凸起和凹进的形状	
翻边		用模具将板料上的孔或外缘翻成直壁	
缩口		用模具对空心件口部施加由外向内的径向压力，使局部直径缩小	
胀形		用模具对空心件施加向外的径向力，使局部直径扩大	
整形		将工件不平的表面压平，将原来的弯曲件或拉深件压成正确形状	

塑性成形的变形特点主要以塑变部分的材料塑性变形为主。以V形弯曲变形为例，弯曲变形主要发生在弯曲件的圆角 α 的范围内，直线部分不产生塑性变形。弯曲变形区的板

料厚度会变薄。窄板弯曲后易出现剖面畸变，宽度较大的板料弯曲后易产生纵向翘曲。

如图2-7所示，在弯曲圆角范围内，弯曲变形区板料外层（靠近凹模一侧）受拉伸长，内层（靠近凸模一侧）受压缩短，在内缘与外缘之间有一个既不伸长也不缩短的中性层。

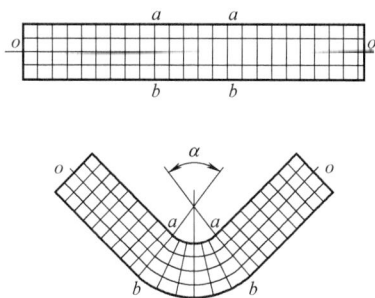

图2-7 板料的V形弯曲

二、冲压成形设备

1. 冲压成形设备的分类

（1）按照应用场合分类 根据应用场合的不同，冲压成形设备可分为普通和专用两大类。例如，压弯常在压力机上利用模具进行，所用设备大多为通用的机械压力机或液压压力机；折弯常采用专用的折弯压力机；而常用的滚弯设备为卷板机，如图2-8所示。

普通冲压设备是要安装模具后进行冲压加工的。按照床身结构形式的不同，可分为开式（C型床身）和闭式（Ⅱ型床身）两类。

开式压力机结构紧凑、体积小，可以从前、左、右三个方向进行操作，工艺性能好，应用广泛，如图2-9所示。闭式压力机机身对称、刚度好、精度高，仅能在前、后两个方向操作，装模操作不够方便，如图2-10所示。

图2-8 卷板机

图2-9 开式压力机

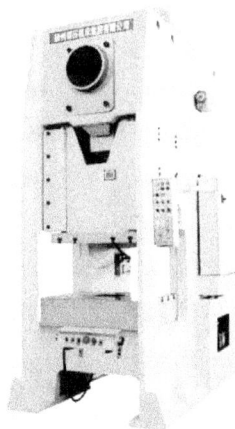

图2-10 闭式压力机

（2）按照滑块的驱动力分类 按照滑块驱动力的不同，冲压成型设备可分为机械式与液压式两种。一般钣金冲压加工多使用机械式压力机。液压式压力机依其使用液体不同，分为油压机和与水压机两种。目前，油压机占多数，水压机压力机多用于大型机械或特殊机械。

（3）按照滑块的运动方式分类　根据滑块的不同运动方式，冲压成型设备可分为单动、复动和三动等种类。目前，使用最多的是一个滑块的单动压力机，复动及三动压力机主要用于汽车车体及大型加工件的拉深加工，数量非常少。

（4）按照滑块的驱动机构分类　按照滑块驱动机构的不同，冲压成型设备可分为以下种类。

1）曲轴式压力机。使用曲轴机构的压力机称为曲轴式压力机，如图2-11所示。由于曲轴机构具有制作简便，可正确决定行程下端位置及可适用于各种加工的特点，所以大部分机械式压力机采用曲轴机构。曲轴式压力机适用于冲切、弯曲、拉深、热锻、温锻、冷锻及其他几乎所有的冲压加工。

2）无曲轴式压力机。又称偏心齿轮式压力机，如图2-12所示。无曲轴式压力机在轴的刚性、润滑、外观及保养等方面均优于曲轴式压力机，缺点是价格较高。当行程较长时，采用无曲轴式压力机较为有利；当行程较短时，采用曲轴式压力机较佳。

3）肘节式压力机。在滑块驱动上使用肘节机构的压力机称为肘节式压力机，如图2-13所示。肘节式压力机滑块在下死点附近时的运动速度非常缓慢，能够正确决定行程的下死点位置，适合于压印加工及精整加工。

4）摩擦式压力机。在轨道驱动上使用摩擦传动与螺旋机构的压力机称为摩擦式压力机，如图2-14所示。摩擦式压力机适用于锻造、压溃作业，也可用于弯曲、成型、拉深等加工，具有用途多、价格低等特点，曾一度应用广泛。由于摩擦式压力机无法决定行程的下端位置，加工精度不佳，生产速度较慢，需要较熟练的操作技术，所以目前已逐渐被淘汰。

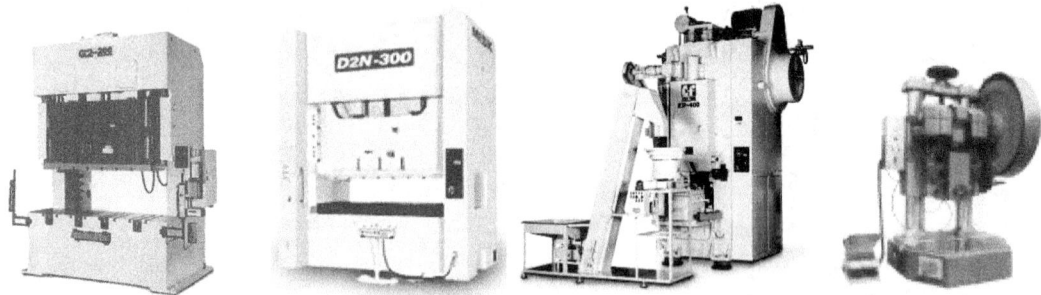

图2-11　曲轴式压力机　　图2-12　无曲轴式压力机　　图2-13　肘节式压力机　　图2-14　摩擦式压力机

5）螺旋式压力机。在滑块驱动机构上使用螺旋机构的压力机称为螺旋式压力机，如图2-15所示。

6）齿条式压力机。在滑块驱动机构上使用齿条与小齿轮机构的压力机称为齿条式压力机，如图2-16所示。齿条式压力机及螺旋式压力机的特性与液压压力机基本相同。齿条式压力机以前多用于压入衬套、碎屑及物品的挤压、榨油和捆包等，但现在已被液压压力机取代，极少使用。

7）连杆式压力机。在滑块驱动机构上使用各种连杆机构的压力机称为连杆式压力机，如图 2-17 所示。使用连杆机构的目的在于保证拉深速度，缩短成型周期，以提高生产率。自古以来，连杆式压力机被用于圆筒状容器的深拉深加工，机床台面较窄。最近被用于汽车主体面板加工的压力机台面相对较宽。

8）凸轮式压力机。在滑块驱动机构上使用凸轮机构的压力机称为凸轮式压力机，如图 2-18 所示。凸轮式压力机的特征是首先制作出适当的凸轮形状，以得到所需的滑块运动曲线。由于凸轮机构很难传递较大的力，所以这种凸轮式压力机的加工能力很有限。

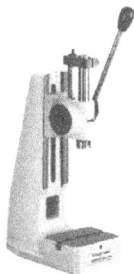

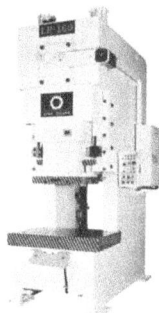

图 2-15　螺旋式压力机　　图 2-16　齿条式压力机　　图 2-17　连杆式压力机　　图 2-18　凸轮式压力机

2. 压力机的工作原理

压力机的设计原理是将圆周运动转换为直线运动。在工作中，主电动机带动飞轮，经离合器带动齿轮、曲轴（或偏心齿轮）和连杆等运转，使滑块进行直线运动。在连杆与滑块之间，需有圆周运动和直线运动的转接点，包括球形和销形（圆柱形）两种机构，该机构将圆周运动转换为滑块的直线运动。

压力机对置于模具中的材料施加压力，迫使其根据模具形状产生相应的塑性变形。在加工时，冲裁力所造成的反作用力被压力机本体吸收。

3. 压力机的规格与代号

在选择压力机时，首先要看规格型号。压力机的类别、列别及规格用字母和数字表示。例如，在曲柄压力机 JA23-80 中，第一个字母"J"表示类别为机械压力机；第二个字母"A"表示压力机经过第一次变形设计；字母后的第一个数字"2"表示压力机的列别为开式双柱曲轴压力机，第二个数字"3"表示压力机的组别为开式双柱可倾压力机；横线"-"后面的数字"80"表示压力机的公称压力为 80kN。

📖 **小知识**

普通压力机与高速压力机

与普通压力机相比，高速压力机具有无可比拟的优势，被工业界公认为未来钣金柔性加工系统的发展方向。

普通压力机适用于成型、落料、冲孔、弯曲等各种冲压工艺，既可以采用单冲模，也可以采用连续模。高速压力机广泛应用于精密电子、通信、IT、家用电器、汽车零部件、电机定转子等小型精密零件的冲压加工，采用连续模。

普通压力机档次由低到高，控制方式依次是手动、脚踏、数控，一般冲压速度在 200 次/min 以下；高速压力机的控制方式都是数控的，冲压速度为 600～800 次/min，最高可达 1000 次/min 以上。

思考与练习

1. 什么是分离工序？常见的分离工序分为哪些种类？
2. 什么是塑性成形工序？常见的塑性成型工序包括哪些？
3. 常用的冲压成形设备可分为哪些种类？

第三节 冲压模具的分类及基本结构

一、冲压模具的分类

在冲压加工中，将材料加工成零件的特殊工艺装备称为冲压模具，俗称冲模。

冲压模具是冲压生产中必不可少的工艺装备，是技术密集型产品。冲压产品的质量、生产率及生产成本都与模具设计和制造水平有直接关系。模具设计与制造技术水平的高低是衡量一个国家产品制造水平的重要标志，在很大程度上决定着产品的质量、效益和新产品开发能力。

1. 按照工艺性质分类

按照工艺性质不同，冲模可分为冲裁模、弯曲模、拉深模和成形模等，如图 2-19 所示。

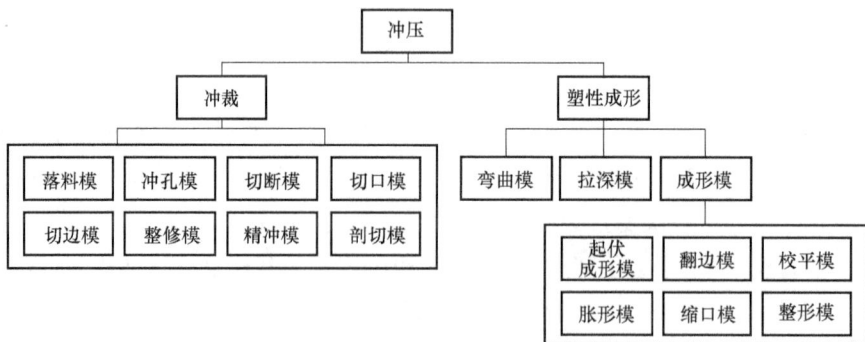

图 2-19 按冲压工艺性质分类的冲模

（1）冲裁模 沿封闭或敞开的轮廓线使材料产生分离的模具称为冲裁模，如落料模、冲孔模、切断模、切口模、切边模和剖切模等。

（2）弯曲模 使板料毛坯或其他坯料沿着直线或弯曲线产生弯曲变形，从而获得一定角度和形状工件的模具称为弯曲模。

（3）拉深模 把板料毛坯制成开口空心件，或使空心件进一步改变形状和尺寸的模具称为拉深模。

（4）成形模 将毛坯或半成品工件按照凸、凹模的形状直接复制成形，而材料本身仅产生局部塑性变形的模具称为成形模，如胀形模、缩口模、扩口模、起伏成形模、翻边模和整形模等。

2. 按照工序组合程度分类

按照工序组合程度不同，冲模可分为单工序模、复合模和级进模。

（1）单工序模 在压力机的一次行程中，只能完成一个冲压工序的模具称为单工序模具。

（2）复合模 在压力机的一次行程中，在同一工位上同时完成两道或两道以上冲压工序的模具称为复合模。

（3）级进模 在毛坯的送进方向上，具有两个或更多的工位，在压力机的一次行程中，在不同的工位上逐次完成两道或两道以上冲压工序的模具称为级进模。

此外，还可以按照是否有导向，按送料、出料的自动化程度或者模具体积大小等特征分类。对于一套模具，这些特征可能兼而有之，如导柱导套定向、弹压卸料、小型冲孔落料复合模。

二、冲压模具的基本结构

1. 单工序模具

单工序模具结构简单，如图 2-20 所示，一次冲压只能完成一种工序，如落料、冲孔、弯曲和拉深等。

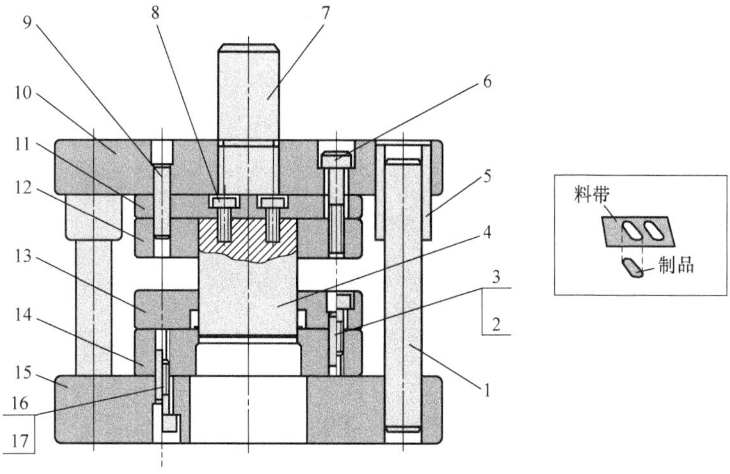

图 2-20 单工序落料模

1—导柱 2、9、16—销 3、6、8、17—螺钉 4—凸模 5—导套 7—模柄
10—上模座 11—垫板 12—凸模固定板 13—固定卸料板 14—凹模 15—下模座

单工序模加工效率低，成本也较低，可以有多个凸模，但完成的工序类型一致。图2-21所示为可同时冲三个孔的单工序冲孔模。虽然模具中设有三个凸模，但完成的只是冲孔一道工序。

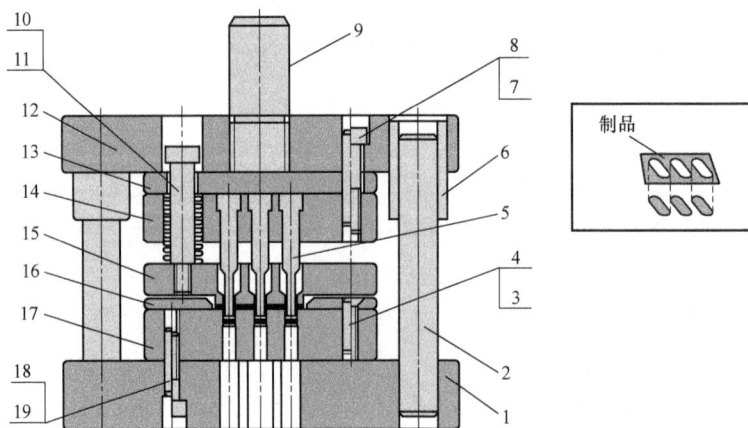

图 2-21 可同时冲三个孔的单工序冲孔模

1—下模座 2—导柱 3、7、18—螺钉 4、8、19—销钉

5—凸模 6—导套 9—模柄 10—卸料螺钉 11—弹簧 12—上模座

13—垫板 14—凸模固定板 15—卸料板 16—导料板 17—凹模

图 2-22 及图 2-23 所示分别为弯曲模及拉深模，也只是完成单一的工序。

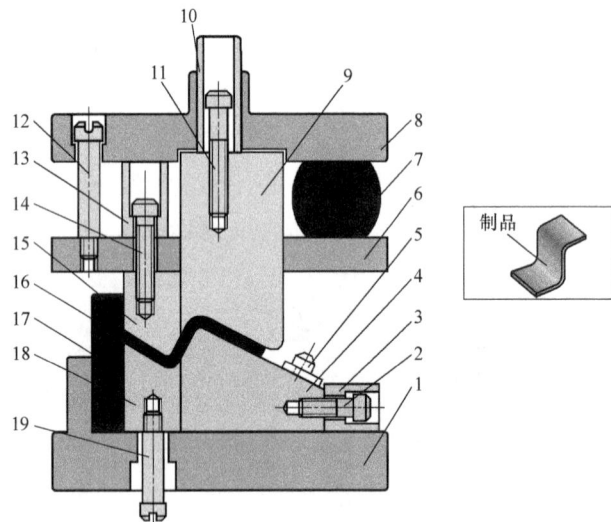

图 2-22 弯曲模

1—下模座 2、5、11、12、14、19—螺钉 3—固定块

4、17、18—凹模 6—凸模托板 7—弹性元件 8—上模座

9、15—凸模 10—模柄 13—上模座 16—板料

2. 复合模

在一次冲压行程中，复合模内的制品材料不需要作进给移动，所以制品内外缘的同心度能够得到较好的保证。复合模结构紧凑、生产率高，但模具加工难度大，不适用于自动送料等自动化生产。图 2-24 所示为复合模。

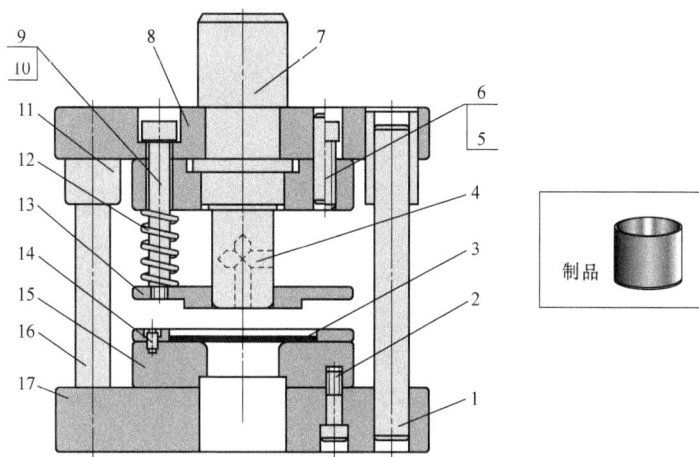

图 2-23 拉深模

1、16—导柱 2、5—螺钉 3—板料 4—凸模 6—销钉

7—模柄 8—上模座 9—卸料螺钉 10—凸模固定板 11—导套

12—弹簧 13—卸料板 14—定位板 15—凹模 17—下模座

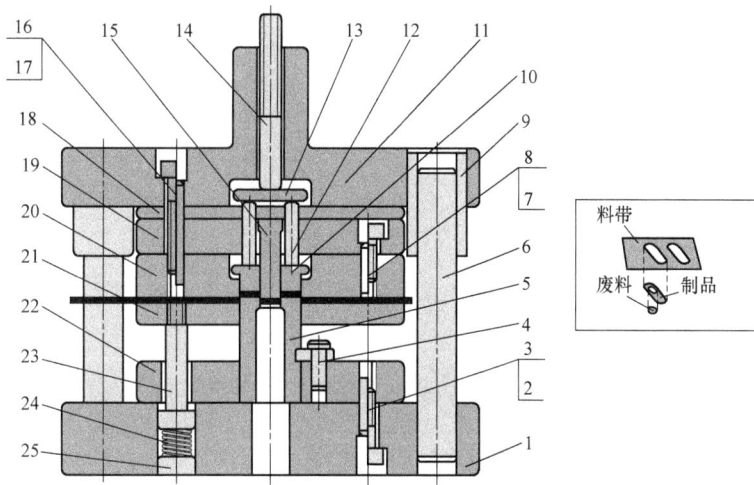

图 2-24 复合模

1—下模座 2、7、16—销钉 3、8、17—螺钉 4—压板螺钉 5—凸凹模

6—导柱 9—导套 10—卸料块 11—上模座（带模柄） 12—打杆

13—推板 14—推杆 15—凸模 18—垫板 19—凸模固定板 20—凹模

21—卸料板 22—凸凹模固定板 23—卸料螺钉 24—弹簧 25—柱塞

3. 级进模

级进模结构复杂、模具成本相对较高，但加工效率高，适合于自动冲压，在采用自动送料、出料装置时，具有良好的安全性，适宜在高速压力机上工作。如图 2-25 所示为级进模。

在一次冲压过程中，级进模需要在不同的工位进行冲压，所以制品内外形相对位置的一致性不如复合模。目前，如何保证制品内外形相对位置的一致性是级进模设计的一个难点。

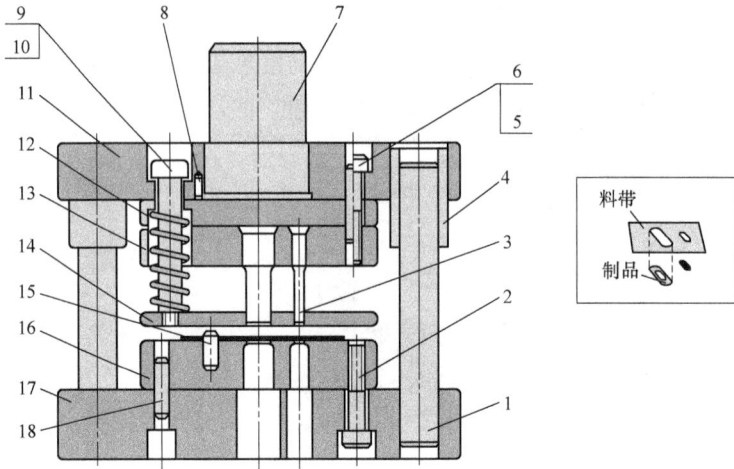

图 2-25 级进模

1—导柱 2、5—螺钉 3—凸模 4—导套 6、18—销 7—模柄 8—止转销 9—卸料螺钉 10—弹簧
11—上模座 12—垫板 13—凸模固定板 14—卸料板 15—挡料销 16—凹模 17—下模座

三、模具的常见结构

在确定制品的成形工艺方案后，需要根据所选模具类型（单工序模、复合模和级进模等）确定模具各个部分的具体结构，包括进料方式、材料定位、定距方式、模架及卸料、压料和出件方式等，还应考虑模具维修、保养和吊装的方便性。在各个细小环节中，尽可能考虑到操作者的安全。

制品不同，其冲压工艺不同，则使用的冲压模具也有所不同。但整体而言，冲压模具的基本结构是相同的，如图 2-26 所示。

一般情况下，冲压模具结构按照作用可分为工艺零件和结构零件两大类。下面，以图

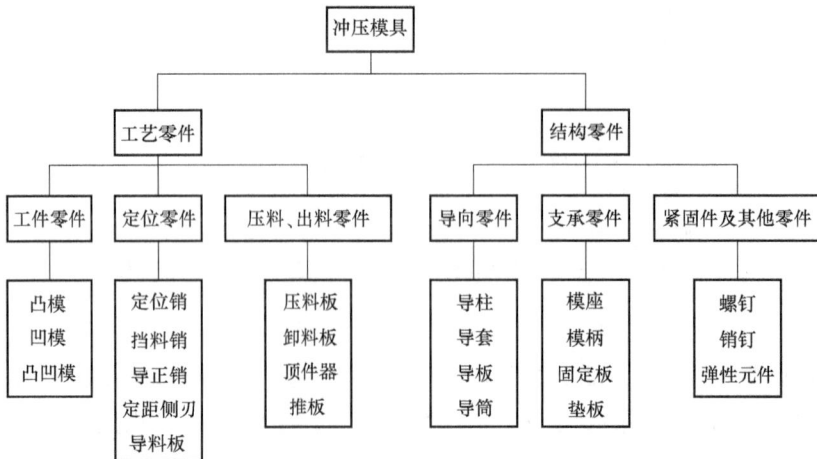

图 2-26 冲压模具的基本结构

2-20 所示的单工序落料模为例进行说明。

1. 工艺零件

工艺零件指直接参与完成冲压工艺过程，与被冲材料直接发生作用的零件，包括工作零件、定位零件、卸料及压料与出件零件等。

（1）工作零件　在模具中，工作零件直接对板料、毛坯进行冲压加工，是直接保证制品成形的模具零件，如凸模 4 和凹模 14。

（2）定位零件　在模具中，定位零件可以保证材料、毛坯或工序件在冲压时能够具有正确的相对位置，如定位销 16。

（3）卸料、压料和出件零件　在模具中，卸料、压料和出件零件起压料作用，并将制品或废料从模具中顶出或卸出，如固定卸料板 13。

2. 结构零件

结构零件指不直接参与完成冲压工艺工作，与被冲材料不直接发生作用，只对模具正常工作起保证作用的零件，包括导向零件、固定及支承零件和其他零件等。

（1）导向零件　导向零件用于保证上、下模相对位置，确定模具运动导向精度，如导柱 1 和导套 5。

（2）固定、支承零件　将模具中的各类零件固定于一定的部位的零件，如将凸模固定在上模座上，将模具固定在压力机上等，如垫板 11、凸模固定板 12、上模座 10 和下模座 15 等。

（3）其他零件　模具中的其他零件主要指连接零件，如螺钉和销钉等。

冲压模具按照组合位置，可以分成上模和下模两部分。其中，上模通过模柄与压力机连接在一起，与压力机滑块一起上下运动；下模与压力机工作台面用压板固定在一起。

📖 小知识

汽车模具与汽车覆盖件模具

广义上的汽车模具是制造汽车零件所有模具的总称，包括冲压模具、注射模具、锻造模具和玻璃模具等。

汽车覆盖件模具简称汽车覆盖件冲模，是汽车模具中最主要的组成部分。在汽车车身上，冲压件大体可分为覆盖件、梁架件和一般冲压件。能够明显表示汽车形象特征的冲压件是汽车覆盖件。典型汽车覆盖件包括前车门外板修边模和前车门内板冲孔模等。

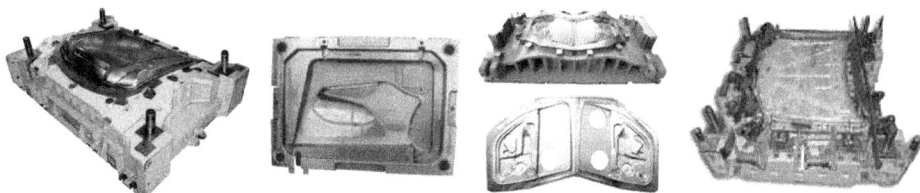

思考与练习

1. 按照工艺性质的不同，冲模可分为哪些种类？各有何特点？

2. 冲压模具工艺零件的作用是什么？一般包括哪些零件？

3. 冲压模具结构零件的作用是什么？一般包括哪些零件？

第三章

塑料成形工艺及模具

第一节 塑 料

一、塑料及塑料工业的发展

1. 塑料

塑料是以树脂为主要成分，添加一定数量和类型的助剂，在加工过程中能够流动的高分子成形材料。塑料经过成形加工，可以制成具有特定形状又具有一定使用价值的塑料制品。

📖 **小知识**

塑料史话

树脂是由树木分泌出的脂质而得名的。早在19世纪以前，人们就已经开始利用沥青、松香、琥珀和虫胶等天然树脂了。

19世纪60年代，人们将天然纤维素硝化，用樟脑作增塑剂制成了世界上第一个塑料品种——赛璐珞，从此开始了人类使用塑料的历史。

1909年，第一种人工合成的塑料——酚醛问世。1931年，第一个热塑性树脂——聚氯乙烯进入工业化生产阶段。此后，合成高分子工业发展迅速，各类树脂陆续工业化生产。

目前，在三大合成材料（合成树脂与塑料、合成橡胶、合成纤维）中，以合成树脂的生产最早、产量最大、应用最广。

2. 塑料工业的发展

从1909年采用纯粹的化学合成法生产塑料材料开始，塑料工业的发展已经经历了100多年的历史。随着聚氯乙烯的问世，聚酰胺、聚甲醛、ABS、聚碳酸酯、聚砜、聚苯醚与氟塑料等工程塑料陆续出现并迅速发展，其速度超过了聚乙烯、聚丙烯、聚氯乙烯与聚苯乙烯等通用塑料。

我国的塑料工业发展很快，特别是改革开放后的30余年，塑料材料的产量和品种都大幅度增加。目前，塑料材料广泛应用于包装、建筑、电子电气、汽车、医疗卫生、日常生活、办公室自动化、航空航天、海洋开发、信息产业、农业、国防及科技领域，是继钢铁、木材和水泥之后的第四大工业基础材料。

二、塑料的特性及分类

1. 塑料的一般特性

塑料品种很多，不同品种的塑料具有不同的特性。塑料材料的特性见表3-1。

表3-1 塑料材料的特性

序号	特性	内容
1	密度小、重量轻	普通塑料的密度为0.9~2.3 g/cm³，其中多数处于1.0~1.4 g/cm³
2	绝缘性能好、介电损耗低	塑料具有良好的电绝缘性能及较低的介电损耗，广泛应用于现代电动机、电器和电子工业中的结构零件和绝缘材料
3	化学稳定性好	塑料对酸、碱等化学药物具有良好的耐蚀性，广泛用于制作防腐材料
4	减振、隔声性好	塑料具有良好的柔韧性，可以将机械能转变为热能散发出来，起到吸振和减振的作用。塑料的隔声性能极好，可用于高速运转的机械，还可用于制作汽车零部件
5	隔热性能好	塑料的热导率极小，广泛应用于冷藏、建筑、节能装置及其他绝热工程
6	力学强度范围宽	塑料材料的力学强度范围宽广，比强度和比刚度接近甚至超过传统金属材料，特别适用于受力不大的结构件
7	耐磨性能好	塑料的摩擦因数小、耐磨性好，可在水、油或带有腐蚀性的液体中工作，还可用于制造在半干或完全干摩擦的条件下工作的自润滑轴承
8	良好的透光性及防护性	许多塑料材料可制成透明或半透明制品，可作为玻璃的替代品，并大量用于既保暖又透光的农用薄膜

2. 塑料的分类

塑料材料的分类方法很多，较为常见的见表3-2。

表3-2 塑料的常见分类方法

分类方法	类别	特点	实例
按塑料材料受热后的性能表现分类	热塑性塑料	能够反复加热软化和冷却硬化	聚乙烯、聚丙烯、聚氯乙烯、聚苯乙烯、丙烯腈-丁二烯-苯乙烯共聚物、聚碳酸酯、聚酰胺、聚甲醛、聚甲基丙烯酸甲酯
	热固性塑料	经过加热或其他方法固化后，能变成不溶、不熔的产物	酚醛塑料、氨基塑料、脲醛塑料
按照塑料材料的用途分类	通用塑料	产量大、用途广、价格低廉	聚乙烯、聚丙烯、聚氯乙烯、聚苯乙烯、酚醛塑料、氨基塑料
	工程塑料	能够承受一定的外力作用，具有良好的力学性能和尺寸稳定性，在高、低温下仍能保持优良性能，可作为工程结构件使用	丙烯腈-丁二烯-苯乙烯共聚物、聚酰胺、聚碳酸酯、聚甲醛
	特种塑料	具有耐热、自润滑等特种功能	氟塑料、有机硅塑料

三、常用塑料的性能、特点及用途

1. 常用塑料的特点与用途

常用塑料的特点与用途见表3-3。

表3-3　常用塑料的特点与用途

材料名称	英文缩写	特　点	用　途
聚乙烯	PE	乳白色蜡状固体,无味、无臭、无毒,密度为0.91~0.97g/cm³,是通用塑料中产量最大、应用最广的塑料品种	水盆、水桶、周转箱、灯罩、暖瓶壳、茶盘、梳子、淘米箩、管材、薄膜等
聚丙烯	PP	白色蜡状固体,无臭、无味、无毒,密度为0.90~0.91g/cm³,是现有塑料中最轻的一种,可在120℃下长期使用,抗疲劳弯曲性能优异,特别适用于制备反复受力的铰链	注射器、盒、输液袋、输血工具、手柄、手轮、汽车转向盘、蓄电池壳、空气过滤器壳体、脚踏板、包装袋、捆扎带、编织带、绳索等
聚氯乙烯	PVC	白色或淡黄色坚硬粉末,密度为1.40g/cm³,不含增塑剂或含增塑剂不超过5%的聚氯乙烯称为硬聚氯乙烯;含增塑剂较多的聚氯乙烯会变软,故称为软聚氯乙烯	板、片、管、棒等各种型材,阀、泵、电线槽板及弯头、三通、阀门、泵壳、薄板、薄膜、电线电缆绝缘层、输液软管、包扎带等
聚苯乙烯	PS	无色透明玻璃状颗粒,制品掷地有金属般响声,密度为1.04~1.065 g/cm³,透明度达88%~92%,使用温度为-60~80℃,着色力强,硬度高,具有优异的电绝缘性和耐化学腐蚀性,脆性较大、不耐冲击、易产生内应力开裂,制品表面受摩擦后易出现刮痕	电视机、录音机、仪表壳体、电气用品、灯罩、包装容器、光学仪器、梳子、透明盒、牙刷柄、圆珠笔杆、学习用具、儿童玩具、隔音、隔热材料或救生设备等
丙烯腈-丁二烯-苯乙烯共聚物	ABS	微黄色或白色不透明颗粒,无毒、无味,密度为1.05g/cm³,具有突出的力学性能和良好的综合性能,制品可着成五颜六色,同其他材料的结合性好,易进行表面印刷、涂层和镀层处理,使用温度一般不超过80℃	汽车内饰件、机械部件、电器外壳、通讯工具、旋钮、仪表盘、容器、灯具、家具、安全帽、板材、管材等
聚碳酸酯	PC	无色或微黄色透明颗粒,无毒、无臭、无味,密度为1.2g/cm³,透光率达90%以上,可制成透明、半透明或不透明制品,具有极好的冲击强度、耐热性和耐寒性,拉伸强度、弯曲强度、刚性及电气绝缘性能突出,疲劳强度低、制品内应力大、易开裂,耐磨性较差,可在-100~140℃范围内使用	绝缘插件、线圈框架、绝缘管套、电话机壳体、通信器材;轴承、螺钉、螺母、齿轮、齿条、蜗轮、蜗杆、棘轮、灯罩、装饰品、防护玻璃及飞机上的透明材料等
聚酰胺	PA	淡黄色透明或半透明颗粒料,密度为1.02~1.15g/cm³,使用温度为-40~100℃,耐候性好、力学性能好、电绝缘性好、耐疲劳、耐热、耐油、耐弱酸、碱和一般溶剂,吸水性大,尺寸稳定性及染色性差,加入玻璃纤维后,可提高材料的冲击强度	齿轮、轴承、轴瓦、辊子、凸轮、滑块、滑轮、螺钉、螺母、垫圈、衬套、线圈骨架、开关、接插件、汽车零件、仪器壳体等

（续）

材料名称	英文缩写	特　点	用　途
聚甲醛	POM	白色或淡黄色半透明颗粒,密度为1.42g/cm³,制品硬而质密,表面光滑并具有光泽,力学性能、冲击强度、疲劳强度、抗蠕变性能优异,耐磨性和自润滑性良好,具有电绝缘性和低温尺寸稳定性,能耐有机溶剂,不耐强酸、强碱和氧化剂,热稳定性差,加热时易分解、易燃,在紫外线的作用下易老化	机械中强度大、耐磨、耐疲劳、冲击力大的齿轮、轴承、滑轮、凸轮、带轮、螺栓;汽车中的散热器阀门、散热器箱盖、风扇、控制杆、开关、齿轮;电子电器行业中的电扳手外壳、电动工具外壳、开关手柄、电视机外壳等
聚甲基丙烯酸甲酯	PMMA	无色透明颗粒,密度为1.18g/cm³,又称有机玻璃,透明洁净性高、透光率优异,抗冲击性、耐振性、电绝缘性、着色性、耐候性及二次加工性良好,制品表面硬度较低,易划伤,溶于有机溶剂,易受无机酸的腐蚀	油标、油杯、光学镜片、透镜、汽车及摩托车安全玻璃、车灯、仪表罩、工艺美术品等
丙烯腈-苯乙烯共聚树脂	AS	坚硬的微黄或微蓝色透明颗粒,密度为1.06～1.10g/cm³,透明度达90%,具有化学稳定性和热稳定性	冰箱装置、卡带盒、车头灯盒、反光镜、仪表盘、食品刀具、注射器、一次性打火机外壳、刷柄和硬毛、渔具、牙刷柄、笔杆
聚苯醚	PPO	白色或微黄色颗粒,其高温蠕变性在热塑性塑料中是最好的,可以承担长时间负荷,长期使用温度为－127～121℃	高温下工作的齿轮、轴承、凸轮、叶轮、螺钉、螺母、紧固件等机械零件、汽车部件、手术器械

小知识

塑料种类与标志代码解读

　　为降低塑料材料的回收成本,必须能够简单快捷地将其识别出来。美国塑料工业协会(Society of Plastics Industry,SPI)制订了塑料制品使用的塑料种类的标志代码,并用数字1～7和英文缩写指代所使用的树脂种类。

　　01 PET 为聚酯,耐热至70℃,可装暖饮或冻饮,不适合长期使用。

　　02 HDPE 为高密度聚乙烯,多用于包装沐浴产品,可在小心清洁后重复使用。

　　03 PVC 为聚氯乙烯,高温时容易产生有害物质,目前较少用于食品包装。

　　04 LDPE 为低密度聚乙烯,用于制作保鲜膜、塑料膜等产品。由于耐热性不强,所以食物在进入微波炉前应取下保鲜膜。

　　05 PP 为聚丙烯,耐温100℃以上,是唯一可以放进微波炉的塑料盒。

　　06 PS 为聚苯乙烯,耐热60～70℃,装热饮料会产生毒素,建议不要放进微波炉中。

　　07 PC 为聚碳酸脂,大量用于制作水壶、水杯、奶瓶等产品。PC遇热会释放双酚A,所以建议不要用PC瓶盛热水;不用洗碗机、烘碗机清洗;不在阳光下直射。

　　2. 常用塑料材料的成形性能

　　常用塑料材料的成形性能见表3-4。

表 3-4 常用塑料材料的成形性能

材　料	成 形 性 能
聚乙烯	1. 结晶性塑料,吸湿性小 2. 流动性好,溢边值为 0.02mm 左右,流动性对压力变化敏感 3. 加热时间长则发生分解 4. 冷却速度快,必须充分冷却,模具应设计冷料穴和冷却系统 5. 收缩性大,方向性明显,易发生变形、翘曲,应控制模具温度 6. 宜用高压注射,物料温度要均匀,填充速度要快,保压要充分 7. 要注意选择进料口位置,防止产生缩孔、变形 8. 质软、易脱模,较浅的侧面凹槽可强行脱模
聚丙烯	1. 结晶性塑料,吸湿性小,易发生分解 2. 流动性极好,溢边值为 0.03mm 左右 3. 冷却速度快,浇注系统和冷却系统应缓慢散热 4. 收缩性大,方向性明显,易产生缩孔、变形等缺陷 5. 注意控制成形温度,不得过高或过低 6. 制品壁厚要均匀,避免缺口、尖角
聚氯乙烯	1. 非结晶性塑料,吸湿性小,极易分解 2. 流动性差 3. 成形温度范围小,应严格控制物料温度 4. 模具浇注系统应粗而短,浇口截面积要大,不得有死角 5. 模具应进行冷却,成形表面应镀铬
聚苯乙烯	1. 非结晶性塑料,吸湿性小,不易分解,性脆易裂,热膨胀系数大,易产生内应力 2. 流动性好,溢边值为 0.03mm 左右 3. 宜采用高物料温度、高模具温度和低压注射 4. 为降低制品内应力,防止缩孔和变形,可采用延长注射时间的方法 5. 制品壁厚应均匀,不宜有缺口、尖角,各面应圆滑连接,镶件应预热 6. 适用于各种形式的浇口,脱模斜度要大些,顶出力要均匀
丙烯腈-丁二烯-苯乙烯共聚物	1. 非结晶性塑料,吸湿性强,要进行充分的干燥 2. 流动性一般,溢边值为 0.04mm 左右 3. 宜采用高物料温度、高模具温度和较高的注射压力 4. 模具浇注系统对料流的阻力要小,浇口的形式和位置要得当 5. 当顶出力过大或进行切削加工时,制品表面容易呈现白色痕迹
聚碳酸酯	1. 非结晶性塑料,吸湿性极小,不易分解 2. 流动性差,溢边值为 0.06mm 左右,对温度变化敏感,冷却速度快 3. 成形收缩小,制品精度高 4. 模具应加热,模具温度对制品质量影响较大,应严格控制模具温度 5. 熔融温度高,粘度较大,模具浇注系统应以粗短为宜 6. 制品壁厚不宜太厚,并应尽量均匀,避免设置缺口或尖角
聚酰胺	1. 结晶性塑料,吸湿性大,易分解 2. 流动性极好,溢边值为 0.02mm 左右,易产生"流涎"现象 3. 成形收缩大,方向性明显,易产生缩孔或变形现象 4. 应严格控制模具温度 5. 可采用各种形式的浇口,流道和浇口截面尺寸应大一些 6. 制品壁厚不宜太厚,并应尽量均匀

（续）

材　料	成　形　性　能
聚甲醛	1. 结晶性塑料,吸湿性大,极易分解 2. 流动性一般,溢边值为 0.04mm 左右,流动性对温度变化不敏感 3. 结晶度高,成形收缩大 4. 模具应加热,模具温度控制要严格 5. 模具浇注系统比对料流阻力较好,浇口截面尺寸应大一些
聚甲基丙 烯酸甲酯	1. 非结晶性塑料,吸湿性大,不易分解,制品表面硬度低 2. 流动性一般,溢边值为 0.03mm 左右,易产生填充不良、缩孔、凹痕及融接痕 3. 宜用高压注射,采用高物料温度和高模具温度 4. 模具浇注系统对料流阻力要小,脱模斜度应大一些
丙烯腈-苯 乙烯共聚树脂	1. 非结晶性塑料,吸湿性大,热稳定性好,不易分解 2. 流动性比 ABS 好,不易产生飞边 3. 易产生裂纹,制品应避免尖角、缺口,顶出力要均匀,脱模斜度应大些 4. 制品进料口处易产生裂纹
聚苯醚	1. 非结晶性塑料,吸湿性极小,易分解 2. 流动性差,对温度变化敏感,凝固速度快,成形收缩小 3. 宜采用高压、高速注射,保压和冷却时间不宜过长 4. 模具要进行加热,模具温度要控制严格 5. 模具浇注系统对料流阻力要小,流道要短而粗

思考与练习

1. 什么是塑料?
2. 按照材料受热后性能表现的不同,塑料材料分为哪些种类?各有何特点?
3. 现有塑料中最轻的一种是什么?举例说明其用途。
4. 构成 ABS 树脂的三种材料各有何特性?
5. 聚酰胺树脂的特点是什么?该材料在成形加工过程中有何要求?

第二节　塑料成形工艺

　　将各种形态的塑料原料制成具有一定形状和使用价值的物品或定型材料的过程称为塑料成形。塑料成形的方法很多,根据工艺的不同,可分为注射、压缩、压注、挤出和吹塑等。

一、注射成形技术

　　注射成形是成形热塑性塑料制品的一种重要方法。除个别材料外,几乎所有热塑性塑料都可以采用此方法成形。注射成形的优点是成形周期短,生产率高,能一次成形外形复杂、尺寸精确及带有金属或非金属镶件的塑料制品。注射成形对于各种塑料的适应性强,可实现全自动化生产。目前,注射成形的制品占全部塑料制品产量的30%以上。

　　注射成形除用于生产热塑性塑料制品外,还可用于成形部分热固性塑料,具有生产率高、产品质量稳定的特点,是获得中空制品型坯的重要工艺方法之一。注射成形的缺点在于设备价格及模具制造费用较高，不适合单件或小批量制品生产。

📖 **小知识**

生活中，哪些产品需要注射成形？

在生活中，注射成形产品主要包括以下几类。

1. 家电电子系列：电视机、空调器、冰箱、洗衣机、计算机、电话、插头、插座和开关等。

2. 家庭日用品系列：塑料盆、桶、桌、椅、洗漱用品、文具、玩具、花盆和衣架等。

3. 工业用品系列：各类周转箱、托盘、仪表及仪器外壳和工具外壳等。

4. 车件系列：汽车、电动车和摩托车等塑料件。

5. 管件系列：三通和弯头等。

1. 注射成形的基本原理

注射成形的基本原理是将颗粒状或粉状塑料通过注射机的料斗送进加热的料筒中，经过加热，材料熔化呈流动状态。此时，在柱塞或螺杆的推动下，熔融塑料被压缩并向前移动，然后通过料筒前端的喷嘴以很快的速度注入温度较低的闭合型腔中。充满型腔的熔料在受到压力的情况下，在经过冷却固化后，保持着模具型腔所赋予的形状，然后开模、顶出，获得所需的制品。通常情况下，一次成形的周期在几秒至几分钟不等。

2. 注射成形设备

（1）注射机的分类及特点 注射机可按照塑化方式、加工能力、注射合模机构特征、外形特征、液压和电器控制特点等许多方式进行分类。其中，较为常见的是根据注射机的外形与合模装置排列方式的不同分类。

1）卧式注射机。如图3-1所示，卧式注射机的柱塞或螺杆与合模机构均沿水平方向布置，具有重心低、加料稳定、操作及维修方便等特点。制品成形推出后，可自行脱落，便于实现自动化生产。卧式注射机的主要缺点是模具安装比较麻烦，镶件放入模具有倾斜和落下的可能，机床占地面积较大。

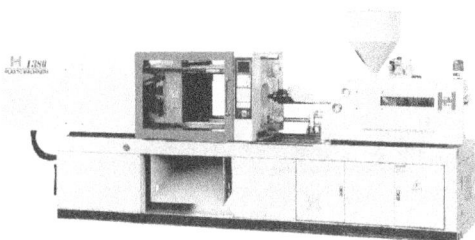

图3-1 卧式注射机

2）立式注射机。如图3-2所示，立式注射机的柱塞或螺杆与合模机构垂直于地面安装，其主要优点是占地面积小，模具安装和拆卸方便，便于安放镶件。缺点是重心偏高，不够稳定，加料困难，推出的制品需要人工取出，不易实现自动化生产。

3）直角式注射机。如图3-3所示，直角式注射机的柱塞或螺杆与合模机构的运动方向相互垂直。目前，使用较多的是沿水平方向合模、沿垂直方向注射的方式。直角式注射机合模采用丝杠传动，注射部分除采用齿条传动外，也有采用液压传动的。直角式注射机的主要优点是结构简单，缺点是机械传动无准确可靠的注射和保压压力及锁模力，模具受冲击较大。

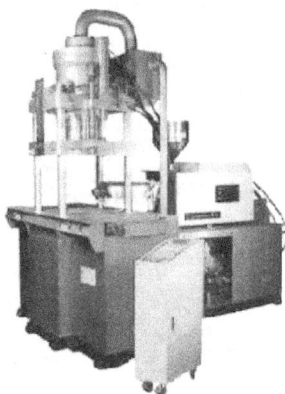

图 3-2　立式注射机　　　　　　　　　图 3-3　直角式注射机

（2）注射机的结构及作用　通用卧式注射机主要包括注射装置、合模装置、液压传动系统及电气控制系统等几部分。

注射装置主要由螺杆、机筒、喷嘴、料斗、计量装置、传动装置、注射和移动液压缸等组成，作用是将塑料均匀地塑化，并以足够的压力和速度将一定量的熔料注射到模具型腔当中。

合模装置主要由前、后固定模板，移动模板，连接前、后模板用的拉杆，合模液压缸，移模液压缸，连杆机构，调模装置以及制品顶出装置和安全门等组成，作用是实现模具的启闭，在注射时保证成形模具可靠地合紧。

液压系统和电气控制系统的作用是保证注射机按工艺过程预定的压力、速度、温度、时间和动作程序准确、有效地工作。液压系统主要由各种液压元件和回路及其他附属装置组成。电气控制系统主要由各种电器元件和仪表等组成。液压系统和电气控制系统有机地组织在一起，对注射机提供动力和实现控制。

📖 小知识

谁发明了注射机

已知最古老的记载是 1872 年，美国的 J. W. Hyatt 用他的"包装机"解决硝化纤维和樟脑混合物的塑化和成形问题（美国专利号：13329）

第一台可称作注射成形机的是 1921 年由 H. Buchholz 制造的一台柱塞式机器，由人力驱动。

首批系列化生产的注射机是 1926 年由 Eckert 和 Ziehler 制造的。这台机器采用水平结构，锁模靠手工操作，注射过程用气压完成。

1958 年，第一台国产注射机在上海诞生，当时的注射机可以采用通用塑料生产技术要求较低的塑料盆、塑料桶等日用品。

3. 注射成形过程

各种注射机完成注射成形的动作程序不完全一致，但基本工序是相同的。现以螺杆式注射成形机为例，说明注射机的成形过程。

　　螺杆式注射机的注射成形原理如图 3-4 所示，首先，注射机的合模机构带动动模由左向右移动，与定模闭合；接着，液压缸活塞带动螺杆按要求的压力和速度将积存于螺杆前端的熔融塑料经喷嘴和浇注系统射入模具型腔。当熔融塑料充满模具型腔后，螺杆对熔体仍保持一定的压力，以阻止塑料倒流，并向型腔内补充因制品冷却收缩所需要的塑料。经过一定时间的保压后，注射活塞上的压力消失，螺杆又开始转动。此时，由料斗进入到料筒中的塑料随着螺杆的转动沿着螺杆再次向螺杆前端输送。塑料在向前输送的过程中，接受来自料筒的外加热和螺杆的剪切摩擦热并均匀升温至粘流状态，随着积存于螺杆头部的熔料量的增加，此处的熔体压力不断上升。当压力值达到能够克服螺杆后退的阻力时，螺杆前端的熔料量逐渐增加，当螺杆退到预定位置时，停止转动和后退，此过程称为预塑。在预塑过程中或再稍长一段时间内，模具型腔内的制品也在同时冷却硬化。当制品完全冷却硬化后，模具打开，在推出机构的作用下，制品被推出模外。

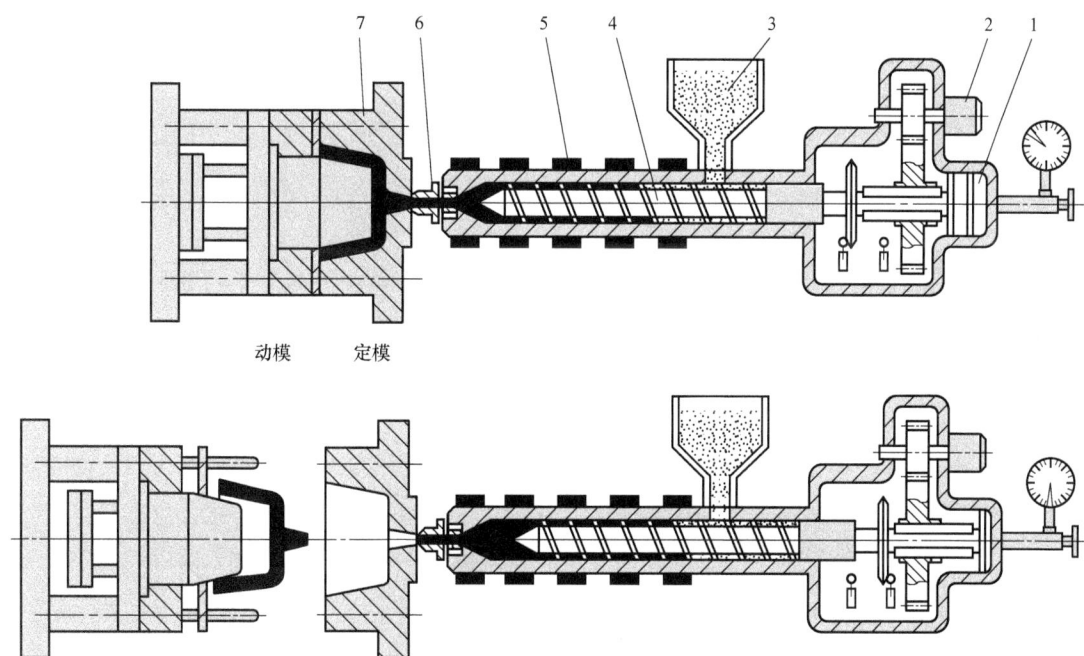

图 3-4　螺杆式注射机的注射成形原理

1—注射液压缸　2—螺杆转动传动装置　3—料斗　4—螺杆　5—加热器　6—喷嘴　7—模具

注射机工作过程循环图如图 3-5 所示。

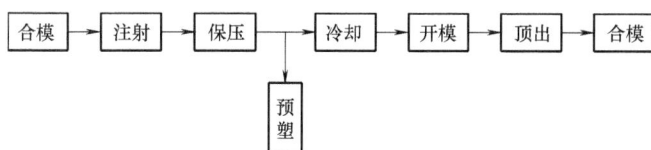

图 3-5　注射机工作过程循环图

4. 注射成形的工艺条件

在塑料制品的生产过程中，工艺条件的选择和控制是保证顺利成形的关键因素之一。决定注射制品质量的工艺条件主要包括温度、压力和成形周期等。

（1）温度 注射成形需要控制的温度包括机筒温度、喷嘴温度、模具温度和油温等，前两者主要影响塑料的塑化与流动，而模具温度对塑料的流动与冷却定形起着决定性的作用，注射机的油温控制是工艺参数实现的重要条件。

（2）压力 在注射成形过程中，需要调整的压力包括塑化压力、注射压力和保压压力等。

（3）成形周期 完成一次注射成形过程所需要的时间称为成形周期，如图 3-6 所示。成形周期直接影响劳动生产率和设备利用率，在保证产品质量的前提下，应尽量缩短成形周期中的各时间段。

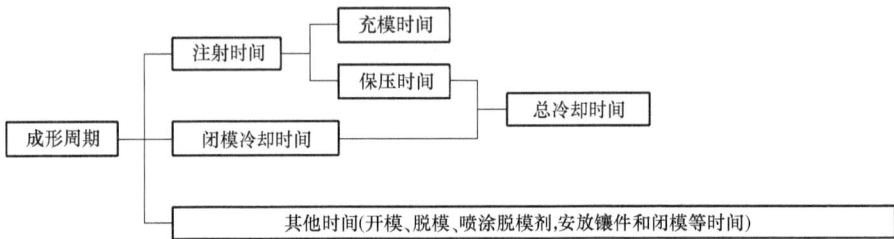

图 3-6　注射成形周期

二、压缩成形技术

1. 压缩成形的基本原理

（1）压缩成形的过程 压缩成形又称模压成形或压制成形，其成形过程可分为加料、合模加压和脱模三个步骤。

1）加料。加料是指将粉状、粒状、碎屑状或纤维状的塑料原料放入成形温度下的模具加料腔中，如图 3-7a 所示。

2）合模加压。合模加压过程中，上凸模在压力机的作用下进入凹模并压实，随着温度和压力的增加，熔融塑料开始固化成形，如图 3-7b 所示。

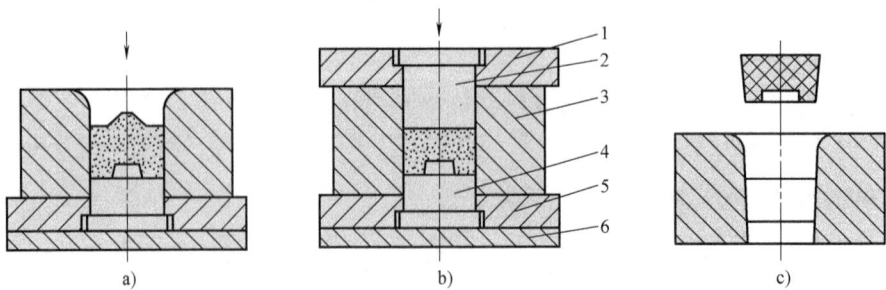

图 3-7　压缩成形过程

a）加料　b）合模加压　c）脱模

1—凸模固定板　2—上凸模　3—凹模　4—下凸模　5—凹模固定板　6—垫板

3）脱模。塑料固化成形后，采用一定的脱模方式将制品从型腔中顶出，从而获得所需制品的过程，称为脱模，如图3-7c所示。

如图3-8所示，压缩成形主要用于热固性塑料的成形，有时也可用于成形热塑性塑料。

在压制热固性塑料时，置于型腔中的热固性塑料在高温、高压的作用下，由固态变为粘流态并充满型腔，同时，高聚物产生交联反应。随着交联反应的深化，粘流态的塑料逐步变为固体，最后脱模获得制品。

图3-8　压缩成形的塑料制品

小知识

常用热固性塑料及应用

常用热固性塑料包括酚醛树脂、脲醛树脂、三聚氰胺树脂、不饱和聚酯树脂、环氧树脂、有机硅树脂和聚氨酯等。

酚醛塑料（PF）刚性好、变形小、耐热耐磨，能在150～200℃温度范围内长期使用，常用于制造齿轮、轴瓦、线圈架、接线板、电动工具外壳和耐酸泵叶轮等。

脲醛塑料（UF）表面硬度较高，耐矿物油、耐霉菌，大量用于压缩成形日用品及电气照明设备零件、电话机、收音机、钟表外壳、开关插座及电气绝缘零件等。

三聚氰胺塑料（MF）也称密胺，无毒，耐光，耐沸水、茶、咖啡等污染性强的物质，可在−20～100℃温度范围长期使用，主要用作餐具、航空茶杯及电器开关等。

环氧树脂（EP）种类繁多，应用广泛，是万能胶的主要成分，用于封装各种电子元件，还可配以硅砂粉等浇铸各种模具，也可作为各种产品的防腐涂料。

（2）压缩成形的特点

1）塑料材料直接加入型腔内，压力机的压力通过凸模直接传递给塑料。加料前，模具是敞开的，在塑料最终成形时才完全闭合。

2）模具结构简单，没有浇注系统和复杂的顶出装置。

3）使用普通压力机成形，可压缩成形具有较大平面的制品或利用多型腔模具一次压缩成形多个制品。

4）压力机的压力直接通过凸模传递到型腔，压力损失小。由于塑料在型腔内直接受压成形，所以有利于成形流动性较差的以纤维为填料的塑料。成形后的制品收缩小、变形小，各向性能较为均匀。

5）生产周期长、效率低。

6）难以压缩成形形状复杂、壁厚相差较大的制品及尺寸精确或高精度的制品，不能压缩成形带有细小镶件的制品。

7）模具的磨损比较大。

用于压缩成形的塑料有酚醛塑料、氨基塑料、不饱和聚酯塑料和聚酰亚胺等。其中，酚醛塑料和氨基塑料的使用最为广泛。

2. 压缩成形设备

压力机是压缩成形的主要设备，如图 3-9 所示。根据传动方式的不同，压力机可分为机械式和液压式两类。机械式压力机结构简单，但技术性能不够稳定。目前，机械式压力机已逐渐被液压式压力机所取代。

图 3-9　压力机

3. 压缩成形工艺过程

压缩成形工艺过程如图 3-10 所示。

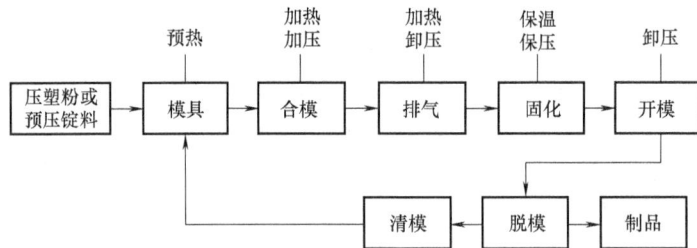

图 3-10　压缩成形工艺过程

（1）压缩成形前的准备

1）预压。压缩成形前，为了在成形时操作方便和提高制品质量，可利用预压模将粉状或纤维状的热固性塑料在预压机上压成重量一定、形状一致的锭料。锭料的形状一般以既能用整数又能十分紧凑地放入模具中以便于预热为宜。常用的锭料有圆片状、长条形、扁球形、空心体或与制品形状相似的形状。

预压一般是在室温下进行的，但如果在室温下进行有困难，也可加热到 50～90℃进行预压。预压的压力范围为 40～200MPa，所选压力应以能使锭料的密度达到制品最大密度的 80% 为原则。

尽管压塑粉的预压有许多优点，但其生产过程较为复杂。在实际生产过程中，一般不进行预压，而是直接用粉料等进行压缩成形。通常情况下，预压只适用于大批量生产。

2）预热和干燥。有些塑料在成形前需进行加热。加热的目的有两个：一是去除材料中的水分和挥发物；二是为压缩成形提供热塑料。前者为干燥，后者为预热。通过预热和干燥，可以缩短成形周期，提高制品内部固化的均匀性，从而提高制品的物理性能和力学性能。与此同时，预热和干燥还能提高塑料熔体的流动性，降低成形压力，减少模具磨损，降低废品率。预热干燥的常用设备为烘箱和红外线加热炉。

（2）压缩成形过程　压缩成形的过程可分为加料、闭模、排气、固化、脱模和模具清理等阶段。如果制品有镶件，则应在加料前将镶件安放好。首件生产时，需将压缩模放在压力机上预热至成形温度。

1）镶件的安放。制品中的镶件通常用于导电或使制品与其他零件进行连接。常用的镶件有轴套、螺钉、螺母和接线柱等。镶件在安放前，应放在预热设备或压力机加热板上预热，小型镶件可不预热。镶件安放时，要求位置正确、平稳，以免造成废品或损坏模具。

2）加料。加料量的多少直接影响制品的尺寸和密度，所以必须严格定量。定量的方法有重量法、容量法和计数法三种。重量法较为准确，但相对麻烦一些，每次加料前必须称料；容量法不如重量法准确，但操作方便；计数法只用于预压锭料的加料，实质上也是容量法。塑料加入型腔时，应根据成形时塑料在型腔中的流动情况和各部位需要量的大致情况作合理的堆放，以免造成制品局部疏松。对于流动性差的塑料，应更为注意。

3）闭模。加料完成后，可进行闭模操作。闭模的过程分为两步：当凸模尚未接触塑料前，为了缩短成型周期和避免塑料在闭模前发生化学反应，应尽量加快速度；当凸模触及塑料后，为了避免镶件或模具成形零件的损坏，充分排出模具型腔内的空气，应放慢闭模速度。

4）排气。热固性塑料压缩成形时，必须排出塑料中的水分和挥发物气体，以及化学反应时产生的副产物，否则会影响制品的性能和表面质量。在闭模后，最好将压缩模松动少许时间，以便排出气体。排气操作应力求迅速，要在塑料处于可塑状态下进行。排气的次数和时间应根据实际需要确定，通常每模排气次数为 1~2 次，每次时间为 3~20s。

5）固化。热固性塑料压缩成形时，对固化阶段的要求是在成形压力与温度下保持一定时间，使高分子交联反应进行到要求的程度。在固化过程中，必须注意固化速度和固化程度。

6）脱模。压缩制品的脱模方法有机动推出脱模和手动推出脱模两类。若制品带有镶件，需要先将成形杆拧脱，再脱模。如果制品由于冷却不均匀而产生翘曲，则可将脱模后的制品放在形状与之相吻合的型面间，在加压的情况下进行冷却。有的制品由于冷却不均匀会产生较大内应力，对此，可将制品放在烘箱中进行缓慢冷却。

7）模具的清理。制品脱模后，应将模具清理干净。必要时，可用铜刀或铜刷去除残留在模具内部的碎屑或飞边，然后用压缩空气吹净模具。如果塑料有粘模现象，用上述方法不易清理时，可用抛光剂拭刷。

（3）压缩成形的工艺条件 压缩成形的工艺条件主要包括压缩成形温度、压缩成形压力和压缩时间等。

三、压注成形技术

压注成形又称传递成形或挤塑成形，是在改进了压缩成形缺点的基础上，吸收注射成形的优点发展起来的一种成形方法。压注成形机如图3-11所示。

1. 压注成形原理

（1）压注成形过程 压注成形过程可分为以下步骤。

1）加料、加热。将预压成的锭料或经过预热的塑料装入

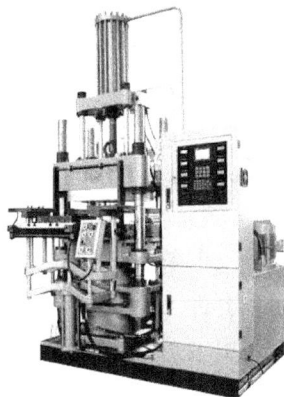

图3-11 压注成形机

闭合的模具加料室内，通过加热使其成为粘流态，如图 3-12a 所示。

2）加压、固化。在柱塞压力的作用下，粘流态的塑料经过加料室底部的浇注系统进入并充满闭合的型腔，塑料在型腔内继续受热、受压，经过一定时间的固化后定型，如图 3-12b所示。

3）脱模。制品完全固化后，打开模具，取出制品，如图 3-12c 所示。

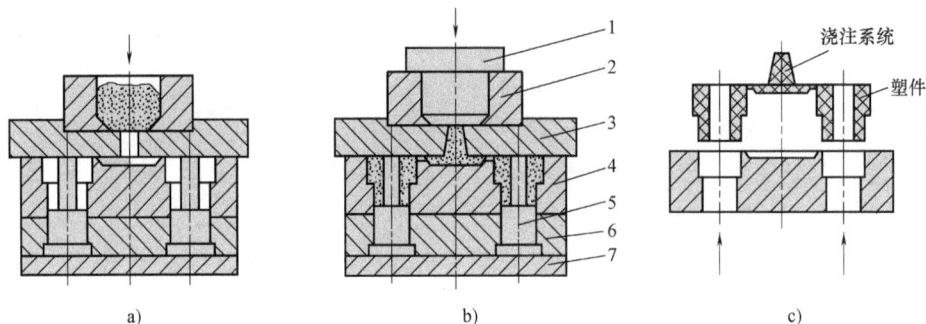

图 3-12　压注成形过程

a）加料、加热　b）加压、固化　c）脱模

1—柱塞　2—加料腔　3—上模板　4—凹模　5—型芯　6—型芯固定板　7—垫板

（2）压注成形的特点　压注成形主要用于热固性塑料的成形，如图 3-13 所示。用于压注成形的材料主要包括酚醛塑料、三聚氰胺和环氧树脂等。

压注成形具有以下特点。

1）模具在塑料成形前完全闭合，塑料的加热熔融是在模具加料腔内进行的，压力机在成形开始时只施压于加料腔内的塑料，使之通过浇注系统快速进入型腔。当塑料完全充满型腔后，型腔与加料腔中的压力趋于平衡。

2）可以成形深孔及形状复杂的制品，也可以成形带有精细或易碎镶件的制品。

3）制品质量较高，飞边小，尺寸准确，性能均匀。

4）模具磨损较小。

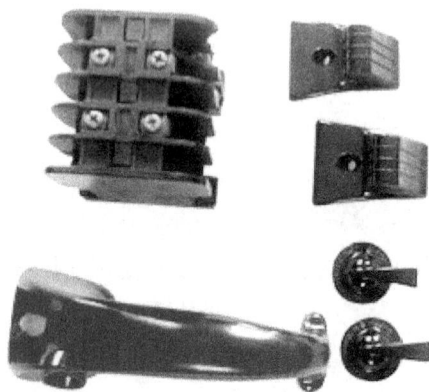

图 3-13　压注成形的塑料制品

5）模具结构较为复杂，制造成本较高。

6）成形压力比压缩成形大，操作复杂、料耗多。

7）如果成形带有以纤维为填料的塑料，就会在制品中引起纤维定向分布，导致制品性能各向异性。

2. 压注成形工艺

（1）压注成形的工艺过程　压注成形的工艺过程与压缩成形基本相似，不同的是压缩成形过程是先加料后合模，而压注成形则是先合模后加料，如图 3-14 所示。

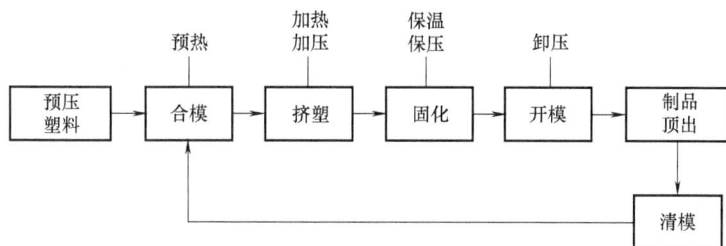

图 3-14 压注成形的工艺过程

（2）压注成形的工艺条件

1）成形压力。成形压力指压力机通过压柱或柱塞对加料室内的熔体施加的压力。压注成形的压力一般为压缩成形的 2 ~ 3 倍。

2）成形温度。成形温度包括加料室内的物料温度和模具温度。为保证物料的良好流动，物料温度应比交联温度低 10 ~ 20℃。由于塑料通过浇注系统时能够获取一部分摩擦热，压注成形的模具温度通常比压缩成形的模具温度低 15 ~ 30℃，一般为 130 ~ 190℃。在成形时，压注模的加料腔和下模温度较低，而中框温度较高。这样既可以保证塑料畅通地进入型腔，又不会产生溢料现象，还能够避免制品出现缺料、起泡和接缝等缺陷。

3）成形周期。压注成形周期包括加料时间、充模时间、交联固化时间和脱模、清模时间等。一般情况下，充模时间应控制在加压后 10 ~ 30s 内。与压缩成形相比，压注成形的交联固化时间可以短些，因为塑料在热和压力的作用下，通过浇口的料流少，加热迅速而均匀，塑料化学反应也较均匀，所以当塑料进入型腔时已临近树脂固化的最后温度。

四、挤出成形技术

挤出成形是热塑性塑料加工领域中一种变化较多、用途广泛、比重很大的加工方法。挤出成形主要用于生产管材、棒材、板材、片材、薄膜、电线电缆的涂覆、涂层制品和异型材等连续的型材，还可以用于塑料的着色造粒、共混、中空制品型坯生产等，如图 3-15 所示。除用于热塑性塑料外，挤出成形也可用于部分热固性塑料的成形。

挤出成形的特点包括：①生产过程连续性强，生产率高；②所用设备结构简单，成本低，操作方便；③成形工艺条件容易控制，制品内部组织均衡、紧密、尺寸稳

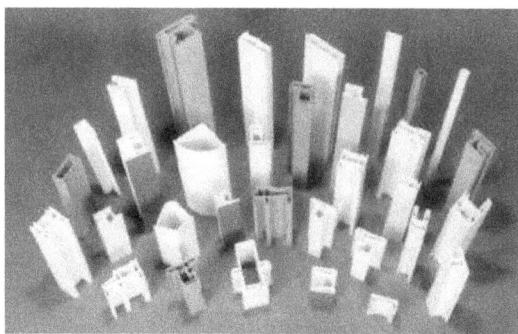

图 3-15 挤出成形的塑料制品

定性好；④模具设计、制造、维修方便；⑤适应性强，大多数热塑性塑料和部分热固性塑料都可以采用挤出成形。

根据对塑料加压方式的不同，挤出工艺可分为连续和间歇两种。前一种工艺所用的设备为螺杆式挤出机，后一种工艺所用的设备为柱塞式挤出机。目前，绝大部分挤出制品都是采用螺杆式挤出机生产的。

1. 挤出成形原理

现以管材挤出为例说明热塑性塑料挤出成形的基本原理。

如图 3-16 所示，首先将粒状或粉状塑料加入料斗中，在挤出机螺杆的旋转作用下，加热的塑料沿螺杆的螺旋槽向前方输送。在此过程中，塑料不断接受外加热和螺杆与物料之间、物料与物料之间及物料与料筒之间的剪切摩擦热，逐渐熔融呈粘流态。在挤压系统的作用下，塑料熔体通过挤出模具的口模及定型、冷却、牵引和切割等装置，获得所需截面的塑料型材。

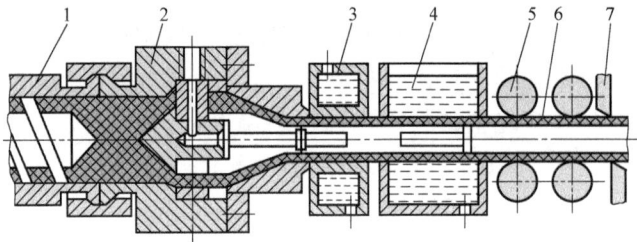

图 3-16　挤出成形的基本原理

1—挤出机料筒　2—机头　3—定径装置　4—冷却装置　5—牵引装置　6—管材　7—切割装置

2. 挤出设备

挤出成形所用的设备称为挤出机组，主要由挤出机、辅机和控制系统组成，如图 3-17 所示。

（1）挤出机　在挤出机组中，挤出机称为主机，是挤出机组中的核心设备。挤出机主要由挤出系统、传动系统、加热冷却系统及机身等部分组成，常见的有单螺杆挤出机和双螺杆挤出机等种类，如图 3-18 所示。

图 3-17　挤出机组

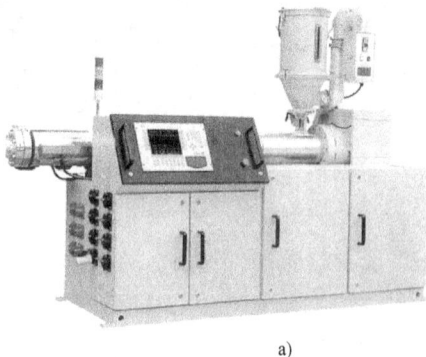

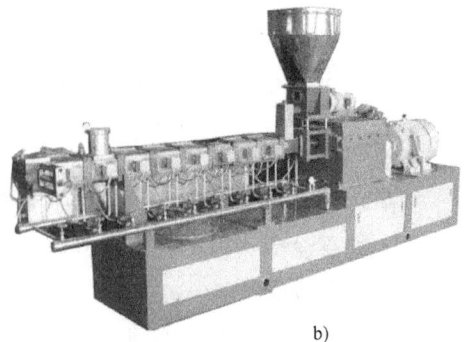

a)　　　　　　　　b)

图 3-18　单螺杆挤出机与双螺杆挤出机

a）单螺杆挤出机　b）双螺杆挤出机

挤出系统是挤出机最关键的部分。塑料通过挤出系统塑化成均匀的熔体，在此过程中，塑料在压力的作用下被螺杆连续不断地挤出机头。挤出系统主要由螺杆和料筒组成，螺杆是挤出机最重要的部件，一台挤出机挤出指定塑料的产量、熔体温度、熔体均匀性、功率消耗等主要由螺杆的结构和尺寸决定。传动系统的主要作用是驱动螺杆，保证螺杆在工作过程中所需的力矩和转速。加热冷却系统的主要作用是保证塑料和挤出系统在成形过程中的温度达到工艺要求。

（2）辅机　在挤出生产过程中，与主机配套的辅助工艺装备称为辅机。挤出制品不同，其辅机的组成和结构也不相同。

（3）控制系统　控制系统的作用包括以下几个方面。

1）控制挤出设备主、辅机的电动机，使其满足工艺所需的转速和功率。

2）控制主、辅机的温度、压力和流量，保证制品的质量。

3）实现整个挤出机组的自动控制，保证主、辅机协调地运行。

小知识

挤出机的发展简史

挤出机起源于18世纪，英国的 Joseph Bramah 于1795年制造的用于加工无缝铅管的手动活塞式压出机被认为是世界上第一台挤出机。从那时开始，在19世纪的前50年里，挤出机基本上只应用于铅管生产、通心粉及其他食品加工，以及制砖和陶瓷工业。

1845年，R. Brooman 申请了用挤出机生产固特波胶电线的专利。随后，固特波公司的 H. Bewlgy 对该挤出机进行了改进，并于1851年将其用于包覆在 Dover 和 Calais 公司之间的第一根海底电缆的铜线上。此后，电动操纵的挤出机迅速替代了以往的手动挤出机，并确立了挤出法用于生产电缆的地位。

经过100多年的发展，塑料挤出机已由早期的柱塞式和单螺杆式衍生出双螺杆、多螺杆、无螺杆等多种机型。塑料挤出机与异型材、板材、片材、管材、棒材、薄膜、单丝、造粒、电缆包覆等各种塑料成形辅机匹配，可以组成各种塑料挤出成形生产线，生产多种塑料制品。

3. 挤出成形工艺

热塑性塑料的挤出成形过程可分为塑化、成形和定型三个阶段。在塑化阶段，通过挤出机加热器的加热和螺杆、料筒对塑料的混合及剪切作用，塑料原料由粉状或粒状转变成均匀的粘流态物质。在成形阶段，粘流态的塑料熔体在挤出机螺杆螺旋力的推挤作用下，以一定的压力和速度连续通过具有一定形状的口模，从而得到截面与口模形状一致的连续型材。在定型阶段，已挤出的塑料型材通过定径、冷却等处理方法被固化，形成所需的制品。

在上述挤出过程中，加热塑化、加压成形、定形都是在同一设备内进行的，这种挤出工艺称为干法挤出。还有一种方法称为湿法挤出，是采用有机溶剂将塑料充分塑化，塑化和加压成形是两个独立的过程。湿法挤出的塑化较为均匀，避免了塑料的过度受热，但定形处理时必须脱除和回收溶剂，工艺过程较为复杂。

热塑性塑料的干法塑化挤出成形工艺过程如下。

1）原料的准备。挤出成形用的塑料大部分为粒状。成形前，为了将原料中的水分含量控制在0.5%以下，应对原材料进行干燥处理。原料的干燥处理一般是在烘箱或烘房内进行的。在准备阶段，要尽可能去除塑料中存在的杂质。

2）挤出成形。将挤出机预热到规定温度后，起动电动机带动螺杆旋转输送物料，同时向料筒中加入塑料。料筒中的塑料在外加热和剪切摩擦热的作用下熔融塑化。由于螺杆旋转时不断对塑料进行推挤，迫使塑料经过过滤板上的过滤网，由机头成形为一定口模形状的连续型材。初期的挤出物质量和外观均不佳，要调整工艺条件及设备装置，直到状态正常后，才能投入正式生产。在挤出成形过程中，要特别注意温度和剪切摩擦热这两个因素对塑料制品质量的影响。

3）定形冷却。热塑性塑料制品在离开机头口模后，应立即进行定形和冷却，否则塑料制品会在自重的作用下产生变形、凹陷或扭曲等缺陷。在大多数情况下，定形和冷却是同时进行的，只有在挤出各种棒料和管材时，才有一个独立的定径过程。挤出薄膜、单丝等无需定形，仅需冷却即可。挤出板材与片材时，有时要经过一对压辊压平，也有定形与冷却作用。管材可用定径套、定径环和定径板等进行定形，也有采用能通水冷却的特殊口模来定径的。不管采用哪种方法，都是使管坯内外形成压力差，使其紧贴在定径套上冷却定形。冷却一般采用空气冷却或水冷却，冷却速度对塑料制品的性能有很大影响。聚苯乙烯、低密度聚乙烯和硬聚氯乙烯等硬质塑料制品不能冷却得过快，否则容易产生残余内应力，影响塑料制品的外观质量。为了避免塑料制品变形，软质或结晶型塑料制品需要及时冷却。

4）塑料制品的牵引、卷取和切割。塑料制品从口模挤出后，会因压力突然解除而发生离模膨胀现象，而冷却后又会发生收缩现象，从而使塑料制品的尺寸和形状发生变化。由于塑料制品被连续不断地挤出，自重越来越大，如不加以引导，会因停滞而导致后续塑料制品不能顺利挤出。因此，在冷却的同时，要连续均匀地将塑料制品引出，这就是牵引。塑料制品的牵引过程由挤出机的牵引装置完成，牵引速度要与挤出速度相适应。一般情况下，牵引速度略大于挤出速度可消除塑料制品尺寸的变化值，同时，对塑料制品进行适当的拉伸可以提高产品质量。不同塑料制品的牵引速度是不同的。通常，薄膜和单丝的牵引速度可以快些；硬质塑料制品的牵引速度不能过大。

通过牵引的棒材、管材、板材、片材等塑料制品可根据使用要求在切割装置上进行裁剪，薄膜、单丝和电线电缆等可在卷取装置上绕制成卷。为了提高尺寸稳定性，一些塑料制品需要进行后处理。

4. 挤出成形的工艺条件

挤出成形的工艺参数主要包括温度、压力、挤出速度和牵引速度等。

（1）温度　温度是挤出过程得以顺利进行的重要条件之一。挤出成形温度指塑料熔体的温度，该温度在很大程度上取决于料筒和螺杆的温度。在实际生产中，为了检测方便，经常用料筒温度近似表示成形温度。

在制品挤出成形的过程中，加料段的温度不宜过高，而压缩段和均化段的温度可适当取高一些。机头和口模温度相当于注射成形时的模具温度。通常,机头温度必须控制在塑料的热分解温度以下,而口模温度可比机头温度稍低一些,但应保证塑料熔体具有良好的流动性。

（2）压力 在挤出成形的过程中,由于料流的阻力、螺杆槽深度的变化及过滤板、过滤网和口模等产生阻碍,沿料筒轴线方向的塑料内部建立起了一定的压力。这种压力的建立是塑料得以成形制品的重要条件之一。和温度一样,压力随时间的变化产生周期性波动,这种波动会导致制品产生局部疏松、表面不平和弯曲等缺陷。螺杆和料筒的设计,螺杆转速的变化,加热与冷却系统的不稳定都是产生压力波动的原因。为了减少压力波动,应合理控制螺杆转速,保证加热和冷却装置的温控精度。

（3）挤出速度 挤出速度指单位时间内挤出机头和口模中挤出的塑化好的物料量或制品的长度。挤出速度的大小表征挤出机生产率的高低。影响挤出速度的因素很多,包括机头、螺杆、料筒结构、螺杆转速、加热冷却系统结构和塑料性能等。在挤出机结构、塑料品种、制品类型均已确定的情况下,调整螺杆转速是控制挤出速度的主要措施。

（4）牵引速度 挤出成形主要用于生产连续型材,所以必须设置牵引装置。从机头和口模中挤出的制品在牵引力的作用下产生拉伸取向。拉伸取向越高,制品沿取向方向的拉伸强度也越大,冷却后长度收缩也越大。通常,牵引速度要与挤出速度相适应。牵引速度与挤出速度的比值称为牵引比,其值必须大于或等于1。

五、中空吹塑技术

吹塑成形是将处于熔融状态下的热塑性塑料型坯置于模具型腔中,借助压缩空气将其吹胀,使之紧贴于型腔壁上,经冷却定形后得到中空制品的成形方法。吹塑成形可以获得各种形状和大小的中空薄壁塑料制品,在日用工业中应用十分广泛。

1. 吹塑成形方法

（1）挤出吹塑成形 挤出吹塑是我国目前成形中空制品最为主要的方法,其成形简图如图3-19所示,挤出吹塑成形设备如图3-20所示。

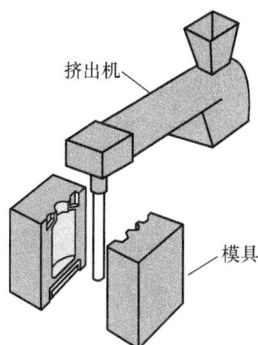

图3-19 挤出成形简图

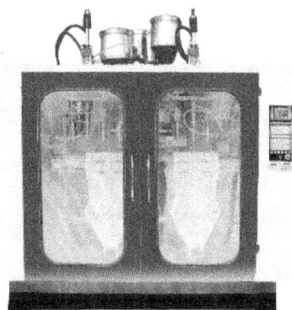

图3-20 挤出吹塑成形设备

挤出吹塑成形过程如图3-21所示。

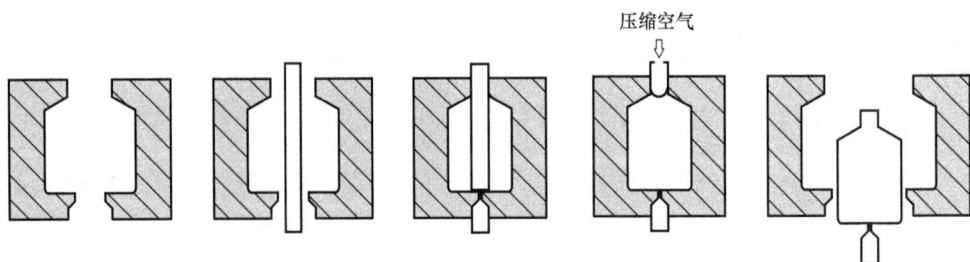

图 3-21　挤出吹塑成形过程

挤出吹塑成形的塑料制品如图 3-22 所示。

图 3-22　挤出吹塑成形的塑料制品

（2）注射吹塑成形　注射吹塑成形是采用注射机在注射模具中制成吹塑型坯，然后把热型坯移入吹塑模具中进行吹塑成形的过程，如图 3-23 所示。

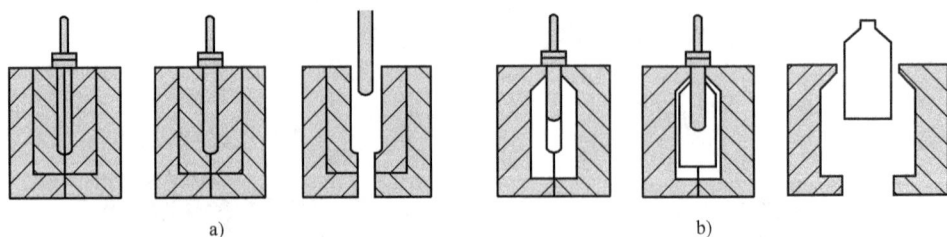

a)　　　　　　　　　　　　　　　　　　　　b)

图 3-23　注射吹塑成形

a）注射　b）吹塑

注射吹塑成形设备如图 3-24 所示，注射吹塑成形的塑料制品如图 3-25 所示。

（3）注射拉深吹塑成形　与注射吹塑成形相比，注射拉深吹塑成形增加了将有底的型坯加以拉深这一工序，具体的成形过程如下。

1）把熔融塑料注入模具，急剧冷却，成形出透明的有底型坯，如图 3-26 所示。

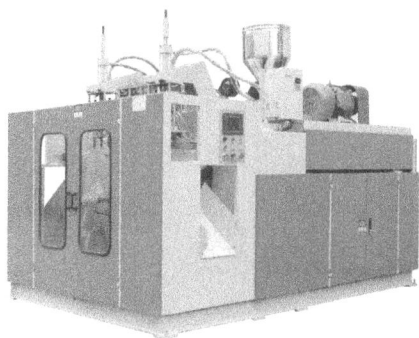

图 3-24　注射吹塑成形设备

图 3-25　注射吹塑成形的塑料制品

2）将注射型坯的螺纹部分随模具螺纹成形块一起在转盘带动下移到加热位置，用电阻将型坯内外加热，如图 3-27 所示。

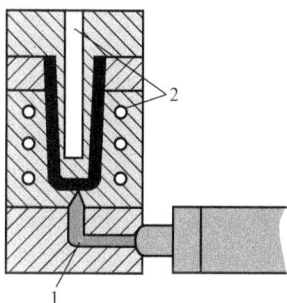

图 3-26　注射型坯

1—流道　2—冷却水孔

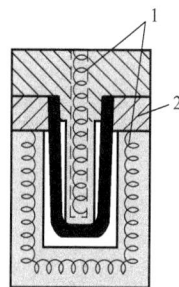

图 3-27　瓶坯加热

1—加热丝　2—螺纹成形部分

3）加热后的有底型坯移至拉深吹塑位置，将型坯拉深至原尺寸两倍左右的长度，然后开始吹气，如图 3-28 所示。

4）吹塑后的制品移到下一位置，螺纹成形块打开，取出制品，如图 3-29 所示。

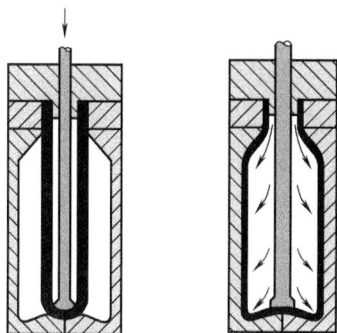

图 3-28　拉深吹塑

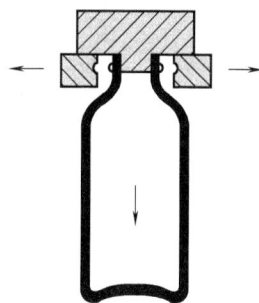

图 3-29　取出制品

注射拉深吹塑成形设备实际是一台多工位注射机，模具设有四个工位，每个工位相隔 90°。图 3-30 所示为注射有底型坯的第一工位和拉深吹塑的第三工位。由于各个工位同时动作，所以制品生产率较高。

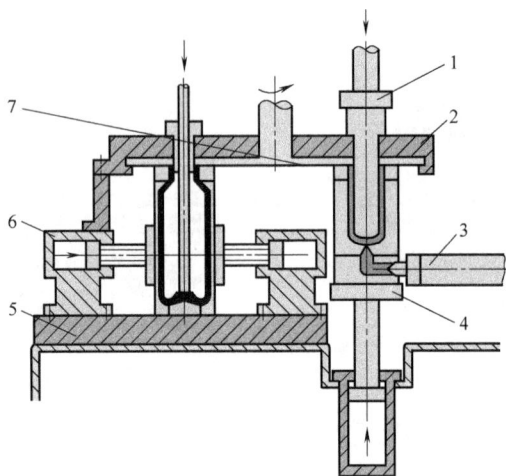

图 3-30　注射拉深吹塑设备结构示意图

1—可动型芯　2—上模固定板　3—注射装置　4—可动下模板　5—固定下模板　6—液压缸　7—转盘

📖 **小知识**

吹塑工艺与吹塑机的发展

吹塑加工工艺的原理源于玻璃用品的吹制，是由 Enoch Ferngren 和 William Kopitke 最先验证的。

1938 年，Ferngren 和 Kopitke 将他们制造的吹瓶机卖给了哈特福德帝国公司，开始了吹塑加工工艺的商用历程。

20 世纪 50 年代后期，随着高密度聚乙烯的诞生和吹塑成形机的发展，吹塑技术得到了广泛应用。

目前，适于吹塑的塑料品种包括聚乙烯、聚氯乙烯、聚丙烯和聚酯等，最大中空容器的体积可达数千升，各类中空容器在各行各业应用广泛。

2. 吹塑成形的工艺特点

挤出吹塑成形是目前应用最为广泛的吹塑成形方法，其工艺特点如下。

（1）加工温度和螺杆转速　在既能挤出光滑而均匀的塑料型坯，又不会使挤压转动系统超负荷的前提下，尽可能采用较低的加工温度和较快的螺杆转速。

（2）成形空气压力　在吹塑成形过程中，成形空气压力主要根据塑料熔融粘度决定。一般情况下，成形空气压力在 0.2~0.69MPa 的范围内。对于尼龙和聚乙烯等粘度低、易于流动吹胀的材料，成形空气压力可略小些；而对于聚碳酸酯和聚甲醛等粘度高、流动吹胀性差的材料，则需要较高的压力。成形空气压力的大小还与制品的尺寸及型坯壁厚有关。通常，薄壁和大容积制品宜采用较高压力，而厚壁和小容积制品则需采用较低的压力。最合适的压力在 0.1~0.9MPa 的范围内，以每次递增 0.1MPa 的方法，分别吹塑成形一系列中空制品，然后根据其外形、轮廓、螺纹、花纹和文字等细节的清晰程度选择适当的压力。

（3）吹胀比　制品尺寸与型坯尺寸之比称为吹胀比。型坯尺寸和重量一定时，制品尺寸越大，则型坯吹胀比越大。虽然增大吹胀比可以节约材料，但制品壁厚将变薄，成形也较为困难。若吹胀比过小，则材料消耗增加，制品有效容积减少；壁厚增厚，冷却时间延长，成本增加。吹胀比一般为 2 ~ 4 倍。通常情况下，采用 1：2 的吹胀比时，产品的壁厚最为均匀。

（4）模具温度和冷却时间 除熔融温度较高的材料允许有较高的模具温度外，应尽可能降低模具温度。若模具温度过低，则塑料冷却较早，形变困难，制品的轮廓和花纹均不会很清晰；若模具温度过高，则冷却时间延长，生产周期增加。如果冷却程度不够，将引起制品脱模变形、收缩率大、表面无光泽等缺陷。

为防止聚合物因产生弹性回复作用引起制品形变，中空吹塑成形制品的冷却时间一般较长，可占整个成形周期的 1/3 ~ 2/3。对于壁厚为 1 ~ 2mm 的制品，一般需要几秒到十几秒的冷却时间。

六、真空吸塑技术

真空成形是把热塑性塑料板材或片材固定在模具上，用辐射加热器进行加热，当材料被加热到软化温度后，用真空泵把板材或片材和模具之间的空气抽掉，借助大气的压力使板材或片材覆盖在模具上成形，冷却后塑料制品的尺寸收缩，借助压缩空气使制品从模具中脱出。

小知识

真 空 吸 塑

真空吸塑包装被称为无容器包装，可大量节省包装原辅材料及废弃物，符合全球大力倡导的适度和减量包装的要求。

真空吸塑是 20 世纪 80 年代发展起来的包装新技术、新材料，始用于药片、药丸、糖块等固体小件的包装。随着塑料包装业的逐渐兴起，近年来，我国真空吸塑包装广泛应用于对小型电器、工艺品、玩具类、鞋类及电子类产品的包装和周转。

1. 真空吸塑的基本方法

（1）阴模真空成形 阴模真空成形是最早、最简单的真空成形方法，如图 3-31 所示。

把板材固定在型腔的上方，为防止空气进入板材和型腔中间，固定部分要加密封圈。先把加热器移到夹紧的塑料板上方。板材软化后，移开加热器，把型腔内的空气抽走，塑料板覆盖在模具的阴模上。冷却后，由压缩空气吹出制品。

采用阴模成形法成形的塑料制品外表面精度较高，多用于成形深度不大的制品。对于深

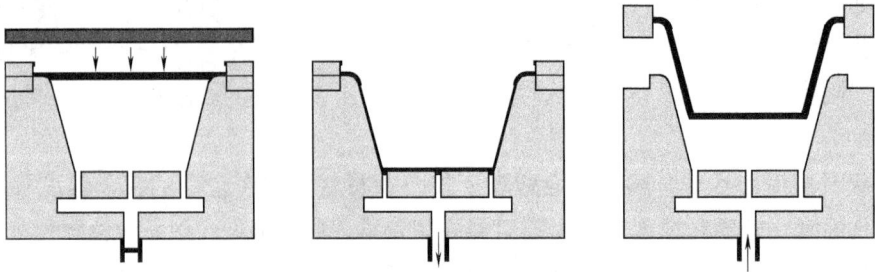

图 3-31　阴模真空成形

度较大的小型制品，采用阴模成形法会导致其底部拐角处显著变薄。多型腔的阴模真空成形比相同型腔数量的阳模真空成形更为经济，因为阴模之间的间距可以近些，用同样面积的板材可以加工出更多产品。

（2）阳模真空成形　阳模真空成形的过程如图 3-32 所示。

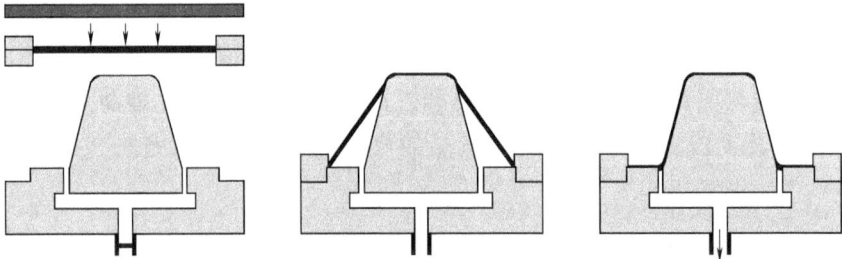

图 3-32　阳模真空成形的过程

将塑料板材夹紧后放置在型面的上方，板材被加热后，将其移向阳模；之后，模内抽真空，塑料板材覆盖在阳模上成形。

采用阳模真空成形方法时，塑料板和模具接触部分的厚度接近原来的板厚，经过弯曲的塑料板沿阳模的侧壁延伸，而上部的塑料板与阳模接触后不再移动。聚丙烯和聚苯乙烯板材容易沿模具的冷表面滑动，壁厚均匀性不受影响。聚乙烯板易粘在模具接触表面上，常出现壁厚不均的现象。由于塑料板在加热时是悬空的，避免了热板和冷模过早地接触。塑料板如果过早地粘附在阳模上，制品壁厚的均匀性将会变差。相对于阴模真空成形来说，阳模真空成形的壁厚更为均匀一些。阳模真空成形多用于有凸起形状的薄壁制品。阳模可以避免收缩，所成形的制品内表面尺寸较为精确。

（3）阴阳模先后抽真空成形　阴阳模先后抽真空成形的工艺过程如图 3-33 所示。

把塑料板紧固在阴模上加热，达到温度后，将加热器移

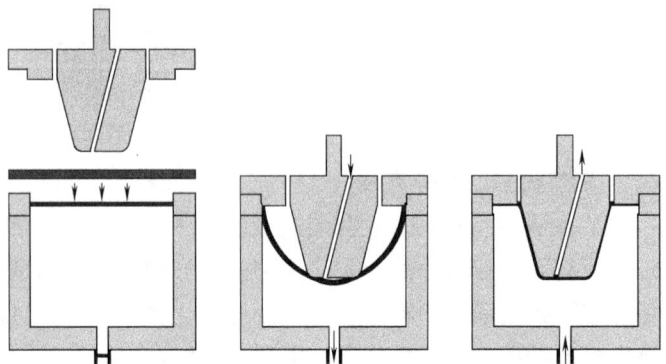

图 3-33　阴阳模先后抽真空成形的工艺过程

开。随后，从阳模吹入少量压缩空气，阴模微抽真空，使塑料板在型腔中呈变形状态。接着，将阳模插入吹鼓的塑料板中，常压后，从阴模吹入压缩空气。最后，阳模抽真空，使塑料板附着在阳模的外表面上。

采用阴阳模先后抽真空成形的工艺方法时，由于先将软化了的塑料板吹鼓，使板在拉伸后再成形，所以壁厚较为均匀，这种方法可用于加工深腔制品。

（4）吹泡真空成形 吹泡真空成形工艺过程如图3-34所示。

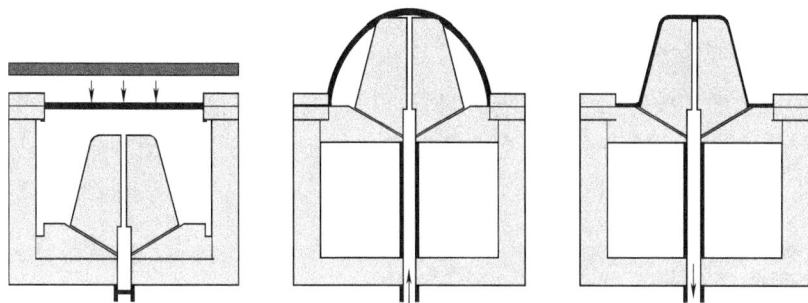

图 3-34 吹泡真空成形的工艺过程

首先，将塑料板紧固在阴模上，加热后移去加热器。随后，通过阴模型腔将塑料板吹鼓后将凸模顶起，停止吹气。最后，凸模向内抽真空，塑料板附着在凸模外表面上成形。

吹泡真空成形法与阴阳模先后抽真空成形方法基本相似，也是为了达到使产品壁厚均匀的目的。

除上述方法外，还有包括柱塞推下真空成形、带有气体缓冲装置的真空成形等多种工艺。其中，柱塞推下真空成形法也是使塑料板在成形前首先延伸，以达到壁厚均匀的目的。此法可用于成形型腔更深的制品，缺点是在制品的表面上残留有柱塞的痕迹。带有气体缓冲装置的真空成形是柱塞与压缩空气并用的形式，制品成形效果较好，但工艺相对复杂。

2. 真空吸塑设备

真空吸塑机又称为热塑成形机，是利用真空泵产生的真空吸力，将加热塑化后的PVC、PE、PP、PET、HIPS等热塑性塑料卷材吸制成各种形状的包装盒、托盘等产品的设备。

根据片材厚度的不同，吸塑可分为薄片吸塑和厚片吸塑两类。

目前，市面上常见的薄片吸塑产品包括日用品、小五金、汽车用品、电子产品、食品、化妆品、计算机周边设备、玩具、体育用品及文具的吸塑包装等。厚片吸塑产品包括家用电器外壳与内胆、行李箱包、展架配件、装潢、汽车内饰、保险杠、挡泥板、美容器材、灯箱外壳、工业面板、广告灯箱、吸塑LOGO和卫浴产品等。薄片吸塑设备如图3-35所示，厚片吸塑设备如图3-36所示。

（1）吸塑成形技术 吸塑成形技术即塑料片材或板材热成形加工技术，是塑料二次加工工业技术中的一种。相对于注射、挤出等一次加工工艺而言，吸塑成形不是针对塑料树脂或颗粒进行加热成形或连续成形，而是对塑料片材或板材进行加热，利用模具，真空或压力使材料变形，从而达到所需形状和尺寸的工艺过程。通常情况下，吸塑成形设备包括夹持系统、加热系统、真空和压缩空气系统、冷却系统、脱模系统及控制系统等部分。

图 3-35　薄片吸塑机

图 3-36　厚片吸塑机

（2）吸塑成形的主要特点　吸塑成形设备投资少、模具制造便捷、生产率高，能够包装任何异形产品，美观、透明，符合当前环保绿色包装的要求。吸塑产品规格适应性强，可以制作薄至 0.1mm 以下、厚至 20mm 以上，大到 $10m^2$、小到几平方毫米的各类包装产品。

思考与练习

1. 根据外形特征与合模装置排列方式的不同，注射机可分为哪些种类？各有什么特点？
2. 简述螺杆式注射机的成形工艺过程。
3. 压缩成形工艺过程可分为哪些步骤？
4. 压注成形的特点包括哪些？
5. 挤出成形的用途是什么？
6. 吹塑成形包括哪些方法？各有什么特点？
7. 吸塑产品的用途包括哪些？
8. 举例说明各种塑料成形工艺在日常生活中的应用。

第三节　塑料模具的分类及基本结构

塑料模具可以根据模具的安装方式、成形方法、加料室形式、分型面特征或型腔数量等因素进行分类。根据成形工艺的不同，塑料模具可分为注射、压缩、压注、挤出和吹塑等种类。

一、注射模具

注射成形是成形热塑性塑料的一种重要方法。近年来，部分热固性塑料也逐渐开始采用注射成形的加工方式。

1. 注射模具的分类

注射模具的分类方法很多。根据结构特征不同，注射模具可分为单分型面注射模具、多分型面注射模具、带有活动镶块的注射模具、自动卸螺纹注射模具、侧向分型抽芯注射模具、定模设置推出机构的注射模具及热流道注射模具等。

2. 注射模具的类型与构成

（1）单分型面注射模具　单分型面注射模具也称为二板式注射模具，它是注射模具中结构最简单的一种，如图 3-37 所示。

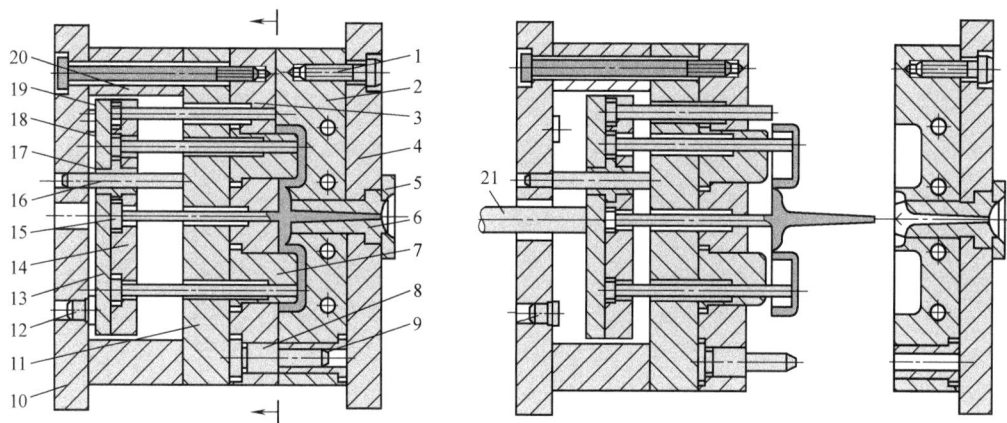

图 3-37　单分型面注射模具

1—螺钉　2—凹模　3—型芯固定板　4—定模座板　5—定位圈　6—浇口套　7—动模型芯　8—导柱　9—导套
10—动模座板　11—支承板　12—限位钉　13—推板　14—推杆固定板　15—拉料杆　16—推板导柱
17—推板导套　18—推杆　19—复位杆　20—垫块　21—注射机顶杆

单分型面注射模具由定模和动模两部分构成。模具主流道设置在位于定模部分的凹模上，分流道和浇口设置在分型面上。开模后，制品连同流道凝料一起留在动模一侧。在模具的动模部分设有推出机构，用以推出制品及流道凝料。单分型面注射模具的特点是结构简单、适应性强、应用范围广泛。

（2）多分型面注射模具　多分型面注射模具具有两个以上分型面，这类模具又可分为双分型面和三分型面等种类。双分型面模具又称为三板式模具，主要用于点浇口进料的单型腔或多型腔注射模具。侧向分型抽芯机构设在定模一侧的注射模及因制品结构特殊需要顺序分型的注射模具。

双分型面注射模具具有两个分型面，如图 3-38 所示。与单分型面模具相比，双分型面注射模具的浇注系统凝料和制品一般是从不同的分型面上取出的。图中，A—A 面为第一次分型的分型面，B—B 面为第二次分型的分型面。第一次分型的目的是拉出流道凝料，第二次分型的目的是拉断进料口，使流道凝料与制品分离。

双分型面注射模具的结构形式有很多。除上述的弹簧定距拉板式外，还有许多种形式，如定距导柱式、拉钩式和定距拉杆式等。

（3）带有活动镶块的注射模具　当制品带有内侧凸、凹槽或螺纹结构且产量不高时，为了简化模具结构，可利用能够从模具中取出的活动型芯、螺纹型芯、型环或哈夫块等零件成形，取代传统的侧向分型抽芯机构。

图 3-39 所示为带有活动镶块的注射模具。开模后，制品与流道凝料同时留在镶块 3 上，然后随同模具的动模部分一起移动到注射机的动模一侧。当模具动模与定模打开一定距离后，注射机上的顶出机构推动推板 11，推板 11 和与其固定在一起的推杆固定板 10 带动推杆 9 前移，将镶块 3 及包在其上的制品一起推出模外。在模外，操作工可用手工或其他装置

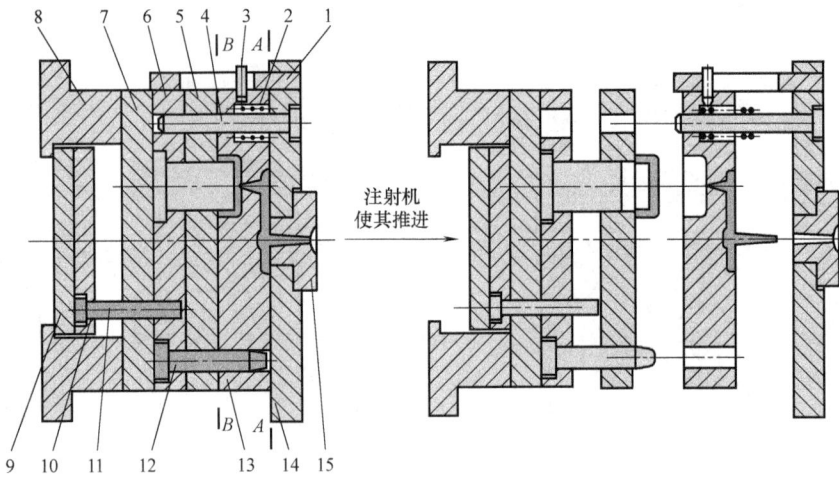

图 3-38　双分型面注射模具

1—定距拉板　2—弹簧　3—限位钉　4—导柱　5—推件板　6—型芯固定板　7—支承板　8—支架
9—推板　10—推杆固定板　11—推杆　12—导柱　13—凹模　14—定模座板　15—浇口套

将制品与镶块分开，然后将活动镶块重新装入模具的动模当中。在镶块装入动模之前，推杆9已在弹簧8的作用下完全复位。为保证制品成形过程的顺利进行，一套模具应至少备有三套活动镶块。

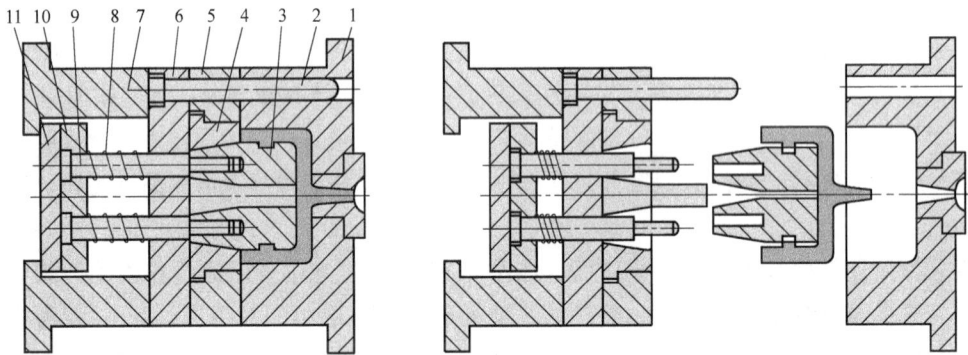

图 3-39　带有活动镶块的注射模具

1—定模座板　2—导柱　3—镶块　4—型芯座　5—型芯固定板　6—支承板　7—支架
8—弹簧　9—推杆　10—推杆固定板　11—推板

（4）自动卸螺纹注射模具　当制品带有内、外螺纹且产量较大时，模具可设计为自动卸螺纹的结构。通过注射机的往复或旋转运动，以及专门设置的电动机或液压马达等驱动装置，模具上的螺纹型芯或型环转动，脱出制品。

图 3-40 所示为在直角式注射机上使用的自动卸螺纹注射模具。该模具上螺纹型芯的旋转是由注射机开合模螺杆带动的。为了防止螺纹型芯与制品一起旋转，一般要求制品外形具有防转结构。本套模具是利用制品顶面凸出的图案来防止制品随螺纹型芯转动而转动的。开模时，模具先从 A—A 分型面处分开，此时，螺纹型芯7因注射机的开合螺杆带动而产生旋

转，开始脱出制品。同时，B—B 分型面也随螺纹型芯的脱出而分型，制品暂时留在型腔内不动。当螺纹型芯在制品内尚有一个螺距时，定距螺钉 4 拉动支承板 5，使分型面 B—B 加速打开，制品被带出型腔。模具完全打开后，制品彻底脱离型芯和型腔。需要注意的是，在制品设计时，注射机开合螺杆的螺距要大于制品螺纹的螺距。

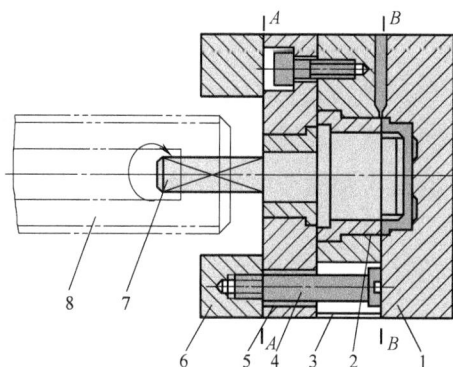

图 3-40　自动卸螺纹注射模具
1—凹模　2—衬套　3—型芯固定板　4—定距螺钉
5—支承板　6—支架　7—螺纹型芯
8—注射机合模螺杆

（5）侧向分型抽芯注射模具　当制品带有侧面凸凹且制品需求量较大时，其成形零件必须做成可以侧向移动的。带动成形零件侧向移动的机构称为侧向抽芯机构。模具中侧向抽芯机构的种类很多，有斜导柱侧向抽芯机构、斜滑块侧向抽芯机构、齿轮齿条侧向抽芯机构和液压侧向抽芯机构等。

图 3-41 所示为斜导柱侧向分型抽芯注射模具。开模时，固定在凹模 16 上的斜导柱 2 将斜滑块 3 向外拨至脱离制品侧孔的位置。开模后，注射机的顶出系统推动推板 9，推板固定板推动推杆 11，将制品推出模具的成形部分。

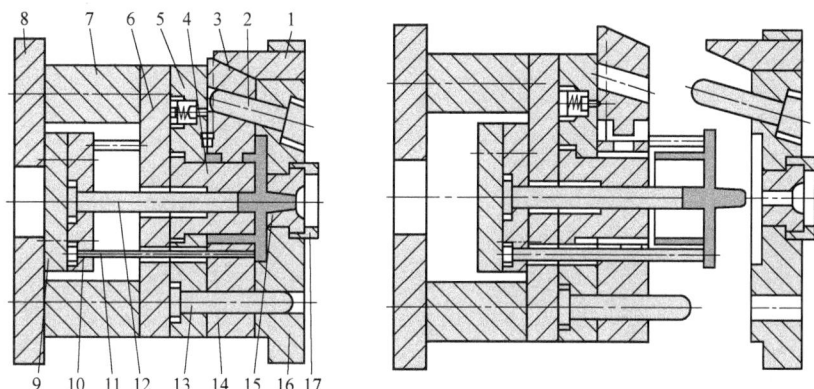

图 3-41　斜导柱侧向分型抽芯注射模具
1—楔紧块　2—斜导柱　3—斜滑块　4—型芯　5—型芯固定板　6—支承板　7—垫块　8—动模座板
9—推板　10—推杆固定板　11—推杆　12—拉料杆　13—导柱　14—动模板
15—浇口套　16—凹模　17—定位圈

（6）定模设置推出机构的注射模具　由于注射机的顶出机构位于模具的动模一侧，所以注射模的推出机构往往设在动模一侧。开模后，留在动模的制品在推出机构的作用下脱离模具。有时，因制品的特殊要求或受制品结构的限制，开模后的制品将留在定模上。在这种情况下，应在模具的定模一侧设置推出机构。

图 3-42 所示为定模设置推出机构的注射模具。由于制品的形状特殊，开模后的制品会

留在定模上。此时，设在动模一侧的拉板8带动推件板7，将制品从型芯11上拉脱下来。

（7）热流道注射模　在成形过程中，热流道注射模具可使模具浇注系统中的塑料始终保持熔融状态，这是一种成形后只需取出制品而无流道凝料的模具，所以又称为无流道模具。

在图3-43所示的模具中，塑料从喷嘴21进入模具后，在流道中加热保温，保持熔融状态。每一次注射完毕，型腔内的塑料冷凝成形，而流道中没有冷凝料。制品脱离模具后，可继续合模、注射。热流道技术的优点是可以大幅度减少塑料原材料的浪费，提高生产率和制品质量，但模具结构复杂、造价高昂，模具温度控制要求严格，所以仅适用于大批量生产。

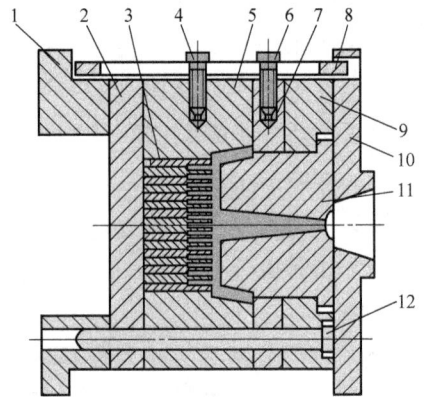

图3-42　定模推出的注射模具

1—支架　2—支承板　3—镶件　4、6—螺钉
5—动模板　7—推件板　8—拉板
9—型芯固定板　10—定模座板
11—型芯　12—导柱

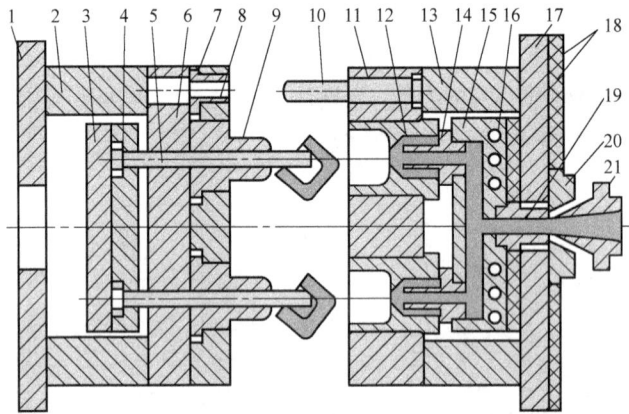

图3-43　热流道注射模具

1—动模座板　2—垫块　3—推板　4—推杆固定板　5—推杆　6—支承板　7—导套　8—型芯固定板
9—型芯　10—导柱　11—定模板　12—型腔　13—上垫块　14—二级喷嘴　15—热流道板
16—加热器孔　17—定模座板　18—绝热层　19—主流道衬套　20—定位圈　21—喷嘴

3. 注射模具的基本结构

注射模具分为动模和定模两大部分。在制品的成形过程中，模具的定模部分安装在注射机的固定座板上，动模部分安装在注射机的移动座板上。注射时，动模与定模闭合，塑料材料经过注射机的喷嘴进入模具型腔。开模时，动模与定模分离，顶出机构动作，推出制品。根据模具上各部件所起作用的不同，注射模具可分为以下部分。

（1）成形部分　注射模具的成形部分是由构成制品形状的动模及定模的有关部分组成的，通常包括成形制品内部形状的凸模和成形制品外部形状的凹模及型芯、镶件、镶块等零件。

（2）浇注系统　熔融塑料从注射机喷嘴进入模具型腔后，所流经模具内的通道称为浇注系统。塑料注射模具的浇注系统通常由主流道、分流道、浇口及冷料井组成。

（3）导向机构　为了确保动、定模之间的正确导向与定位，通常在模具动、定模之间采用导柱、导套定位或在动、定模部分设置互相吻合的内、外锥面。

（4）侧向抽芯机构　当制品侧面存有孔或凸台时，需由侧向凹、凸模或型芯成形。在制品被推出之前，必须先将侧向凸模或型芯拔出。使侧向凸模或型芯移动的机构称为侧向抽芯机构。模具侧向抽芯机构的形式很多，结构相对复杂，较为常见的零件包括滑块、楔紧块和斜导柱等。

（5）推出机构　推出机构又称为顶出机构或脱模机构，它是在模具分型后将制品顺利推出模具的装置。推出机构通常由推板、推杆固定板、推杆、复位杆、主流道拉料杆和推件板等零件组成。

（6）冷却和加热系统　为使熔融塑料在模具型腔内尽快固化成形，多数塑料在成形时需要进行冷却。常用的冷却方法是在模具上开设水道，通过循环冷水对模具进行冷却。有些塑料在成形时需要较高的模具温度，这就需要在模具内部或四周安装加热组件进行加热。

4. 模具与注射机的关系

（1）模具浇口套与注射机喷嘴尺寸的关系　为保证塑料制品的顺利成形，注射模具浇口套的小端孔径要比注射机喷嘴前端孔径大 0.5 ~ 1mm，浇口套前端凹球面半径要比注射机喷嘴前端球面半径大 1 ~ 2mm。在注射成形时，模具浇口套处不能形成死角，也不能有熔料积存，如图 3-44 所示。

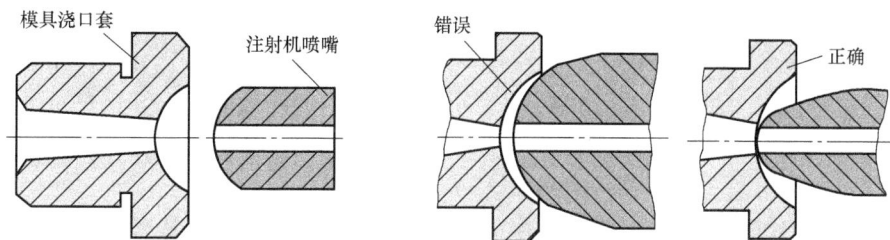

图 3-44　模具浇口套与注射机喷嘴尺寸的关系

（2）定位圈尺寸与机床定位孔的关系　为保证模具主流道轴线与注射机喷嘴轴线重合，模具定位圈外径与注射机定位孔应按 H9/f9 配合定位。通常情况下，模具定位圈的高度应取 10 ~ 15mm。

（3）模具厚度与注射机的关系　注射机可安装模具的最大厚度和最小厚度都是有限制的。模具闭合厚度必须在注射机最大模具厚度与最小模具厚度之间，如图 3-45 所示。若模具闭合厚度大于注射机的最大模具厚度，则模具无法锁紧或影响开模行程。若模具闭合厚度小于注射机的最小模具厚度，可在模具动模座板后面垫上垫板进行调整，使模具闭合。

（4）模板规格与注射机拉杆间距的关系　模具长度和宽度方向的尺寸不得超出注射机的工作台面。

图 3-46a 所示为从注射机上方直接将模具吊入注射机内的情况，图 3-46b 所示为从注射机侧面将模具推入注射机内安装的情况。

在图 3-47 所示的结构中，模具的模板尺寸大于注射机拉杆间距，因此无法将其直接从注射机上方吊入或从侧面推入。此时，若模具厚度小于拉杆间距，则可按图示方向将其从拉杆上方吊入注射机内，然后旋转到所需位置并固紧。

（5）模具在注射机上的固定方式　模具在注射机上的固定方式包括采用压板固定和采用螺钉直接固定两种。

图 3-48 所示为采用压板固定的形式，其特点是安装方便灵活、应用广泛。在使用螺钉直接固定模具

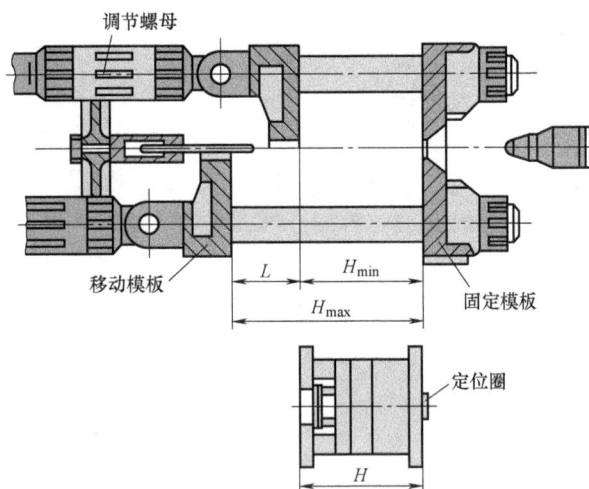

图 3-45　模具厚度与注射机的关系

时，模具座板上固定孔或豁口的位置必须与注射机模板上的安装螺孔吻合，否则模具无法固定。

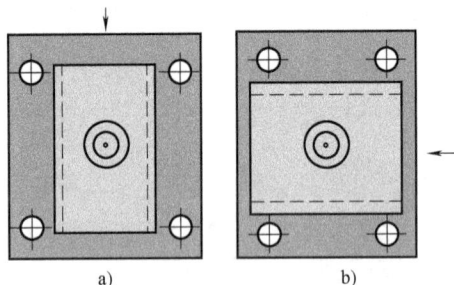

图 3-46　模具模板与注射机拉杆间距的关系

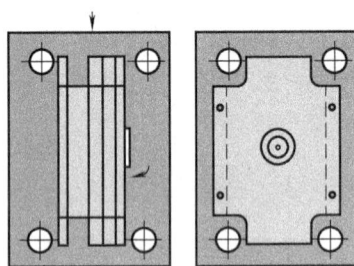

图 3-47　面积较大模具的安装

为将模具牢固地固定在注射机上，模具定模与动模应各采用 2~4 个螺钉或压板紧固。在设计模具时，要注意留出足够的扳手空间，如图 3-49 所示。

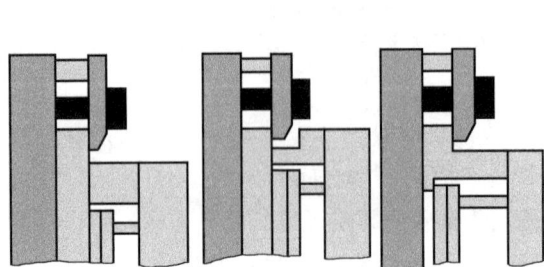

图 3-48　用压板固定模具

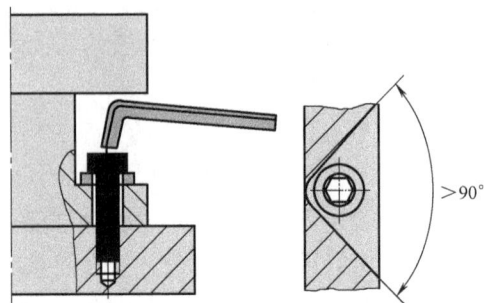

图 3-49　预留扳手空间

（6）模具与注射机开模行程的关系　注射机的开模行程应满足模具彻底打开并取出制品及浇注系统凝料的要求，如图 3-50 所示。

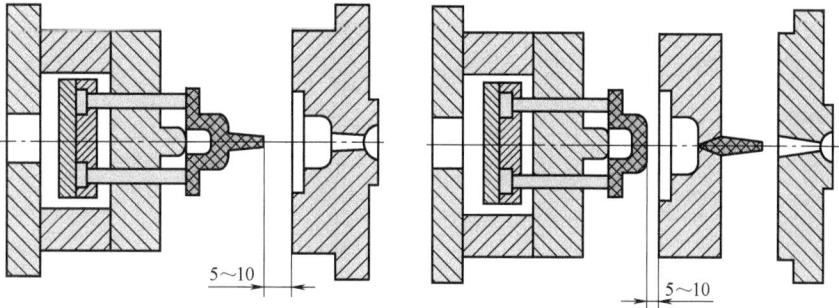

图 3-50 模具与注射机开模行程的关系

对于内表面为阶梯形的制品，有时不必推出到型芯的全部高度，而是以能够顺利取出制品为宜，如图 3-51 所示。

（7）注射机顶出装置与模具推出机构的关系　不同型号注射机顶出装置的结构形式和最大顶出距离是不同的。为保证制品的顺利成形，模具的推出机构要与注射机的顶出装置相适应。

图 3-52 所示为 XS-ZY-500 卧式注射机的模板布局，从该图中可以看出，较为常用的注射机既有中心顶出装置，又有两侧顶出装置。具体设备的紧固螺钉孔尺寸及顶出杆布局可参见由注射机生产厂家提供的设备模板图。

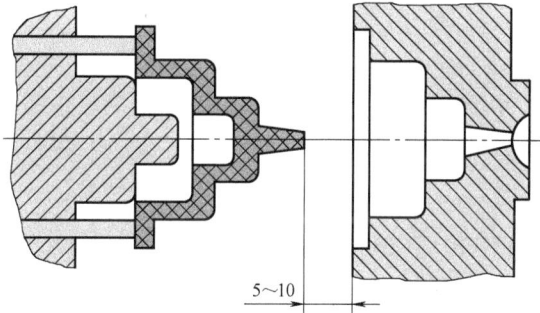

图 3-51 阶梯状内表面制品的顶出距离

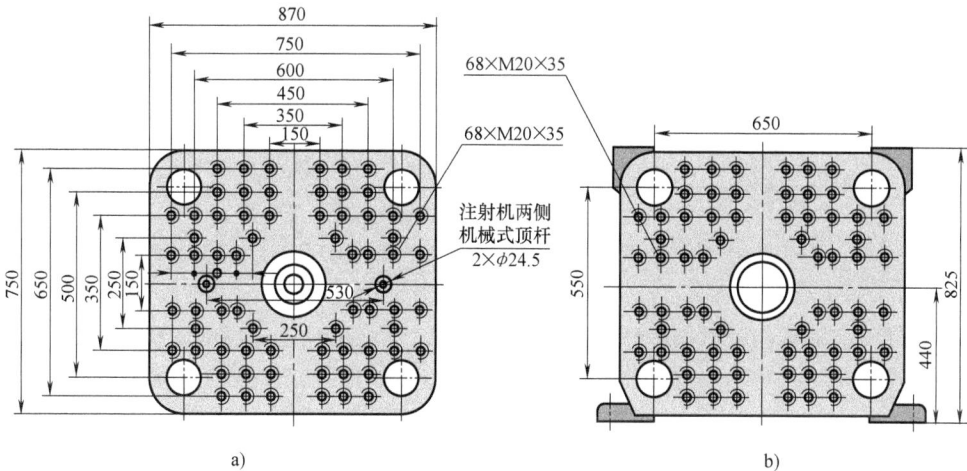

图 3-52 XS-ZY-500 卧式注射机的模板布局

a）动模固定板　b）定模固定板

常用注射机的技术参数见表3-5。

表3-5 常用注射机的技术参数

型号	XS-ZY-60	XS-ZY-125	XS-ZY-250	XS-ZY-500	XS-ZY-1000	XS-ZY-2000
公称注射量/cm³	60	125	250	500	1000	2000
注射压力/MPa	122	120	130	145	121	90
锁模力/t	50	90	180	350	450	600
最大成形面积/cm²	130	320	500	1000	1800	2600
模板最大行程/mm	180	300	500	500	700	750
模具最大厚度/mm	200	300	350	450	700	800
模具最小厚度/mm	70	200	200	300	300	500
模板尺寸/mm	330×430	428×458	598×520	700×850	900×1000	1180×1180
拉杆空间/mm	190×300	260×290	330×310	540×440	650×550	790×700

二、压缩模具

1. 压缩模具的分类

压缩模具又称为压制模具,主要用于成形热固性塑料制品,有时也用于成形热塑性塑料制品。压缩模具分类的方法很多,根据模具在压力机上的固定方式,压缩模具可分为移动式压缩模、半移动式压缩模和固定式压缩模;根据模具的型腔数目,压缩模具可分为单型腔压缩模和多型腔压缩模;根据模具分型面的特征,压缩模具可分为水平分型面压缩模和垂直分型面压缩模;根据压缩模具上、下模配合结构特征的不同,压缩模具可分为溢式压缩模、不溢式压缩模和半溢式压缩模。

2. 压缩模具的基本结构

压缩模具可分为上模和下模两部分,分别安装在压力机的上、下压板上。

压缩成形时,塑料在高温和压力的作用下,成为熔融状态并充满整个型腔。当塑料制品固化成形后,上、下模打开,通过顶出装置顶出制品。

根据模具中各零件所起作用的不同,压缩模具一般可分为以下几个部分。

(1)型腔 型腔是直接成形制品的部位。加料时,型腔与加料腔一起装料。图3-53所示模具的型腔由上凸模3、下凸模8和凹模镶件4构成。

(2)加料腔 塑料与其制品相比具有较大的比容。成形前,单靠型腔是无法容纳全部原料的,因此在型腔之上应设有一段加料腔。

(3)导向机构 导向机构一般由导柱和导

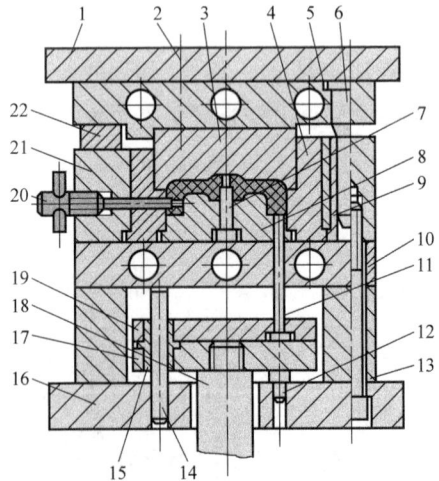

图3-53 典型压缩模的结构

1—上模座板 2—螺钉 3—上凸模 4—凹模镶件
5—加热板 6—导柱 7—型芯 8—下凸模 9—导套
10—垫板 11—推杆 12—限位钉 13—垫块
14—推板导柱 15—推板导套 16—下模座板
17—推板 18—压力机顶杆 19—推杆固定板
20—侧型芯 21—凹模固定板 22—承压板

套组成,用于保证上、下模合模的对中性。为保证推出机构的水平运动,有的模具还设有推板导柱。

(4)侧向分型抽芯机构 当压缩带有侧面凹凸的制品时,在模具上必须设置侧向分型抽芯机构,以保证制品顺利脱模。

(5)脱模机构 脱模机构的作用是保证制品顺利脱模。

(6)加热和冷却系统 热固性塑料压缩成形需要在较高的温度下进行,因此模具必须加热。常见的加热方法为电加热。在压缩热塑性塑料时,需要在型腔周围开设温度控制通道。在塑化阶段,需通入蒸汽进行加热。在定形时,要通入冷水进行冷却。

3. 压缩模具的类型与结构特点

(1)溢式压缩模 溢式压缩模又称为敞开式压缩模,如图3-54所示。这种模具没有加料腔,型腔总高度即制品高度。由于凸模与凹模没有配合部分,所以压缩时多余的塑料极易溢出。合模时,原料受到压缩,当合模到终点时,挤压面完全闭合。由于压力机的压力不能全部传递给塑料,因此制品的密度较小。如果模具闭合太快,会造成溢料量增加,既浪费原料,又降低制品的密度。如果模具闭合太慢,由于塑料在挤压面迅速固化,会造成飞边增厚。由于制品的溢边是水平的,所以去除较为困难且易损害制品的外观。

溢式压缩模具结构简单、耐用、造价低,镶件的安装及制品的取出方便,但制品带有飞边,且去除困难,塑料浪费较多,约为5%。

溢式压缩模具的凸模和凹模靠导柱定位,没有其他配合面,适用于压制扁平制品、小批量或试制制品及精度和强度没有严格要求的制品,不适宜成形带状、片状或纤维填料等压缩率高的塑料及薄壁或壁厚均匀性要求较高的制品。

(2)不溢式压缩模 不溢式压缩模又称为封闭式压缩模,如图3-55所示。不溢式压缩模的加料腔为型腔向上的延伸部分。在压缩过程中,压力机的压力全部作用在制品上,几乎无塑料溢出。不溢式压缩模的凸模与凹模配合紧密,所产生的飞边成垂直方向,清除较为方便。

不溢式压缩模的最大特点是制品承受压力大、溢料量少、密实性好、力学性能好,适于压缩形状复杂、壁薄、长流程和深形制品,也适于压缩流动性差、单位比压高、比容大的以棉布、玻璃布或长纤维作为填料的塑料。

不溢式压缩模的缺点是塑料溢出量少,加料量直接影响制品的高度尺寸,每次加料都必须准确称量。由于凸模与加料腔内壁有摩擦,成形时会损伤加料腔的内壁。不溢式压缩模的加料腔尺寸与型腔尺寸相同。在推出时,划伤的加料腔会损伤制品的外表面。不溢式压缩模必须设置推出装置,否则制品难以取出。

(3)半溢式压缩模 半溢式压缩模又称为半封闭式压缩模,如图3-56所示。半溢式压缩模的特点是加料腔截面大于型腔截面,凸凹模闭合后,在加料腔与型腔分界处形成环形挤压面,宽度为4~5mm。在每一个工作循环中,过剩的原料通过配合间隙或凸模上开设的专用溢料槽排出。溢料速度可通过间隙大小和溢料槽尺寸进行调节,制品的致密度较好。半溢式压缩模操作方便,加料时只需简单地按体积进行计量。

由于加料腔的断面尺寸比制品大,凸模不沿模具型腔壁摩擦,不会划伤型腔表面,推出时也不会损伤制品的外表面。当制品的外轮廓形状复杂时，可将凸模与加料腔配合面简化，如采用圆形、方形或矩形等。

半溢式压缩模使用较为广泛，适用于成形流动性较好的材料及形状复杂、带有小型镶件的制品。

由于半溢式压缩模有挤压环，所以不适宜成型以布片或长纤维作填料的塑料。在成型流动性差的塑料时，必须提高单位压力。

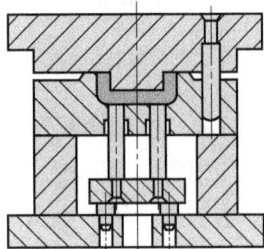

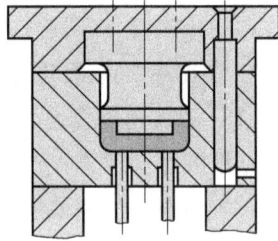

图 3-54　溢式压缩模　　　　图 3-55　不溢式压缩模　　　　图 3-56　半溢式压缩模

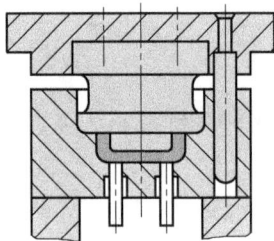

三、压注模具

压注成形既可以使用专用压注机，也可在普通压力机上进行。压注成形能够成形较为精密的零件或带有细薄镶件的制品，在某些行业应用较为广泛。由于浇注系统内有压力损失，因此加料室内的单位压力要比压缩模内高得多，一般可达到 $400 \sim 800 \text{kg/cm}^2$，最高时可达到 1500kg/cm^2。

1. 压注模具的分类

压注模具按照固定方式可分为移动式压注模和固定式压注模。其中，移动式压注模所占比例较大。按照型腔数目的不同，压注模具可分为单型腔模具和多型腔模具。按照分型面特征的不同，压注模具可分为一个分型面、两个水平分型面和带有垂直分型面的模具等几类。

2. 压注模具的基本结构

压注模具包括以下几大部件。

（1）型腔　型腔是制品的成形部分，由凹模、凸模和型芯等零件组成。

（2）加料室　加料室由加料室和压柱构成。移动式压注模的加料室和模具本身是可分离的，开模前先敲下加料室，然后开模取出制品并将压柱从加料室中取出。

（3）浇注系统　单型腔压注模一般只有主流道，多型腔压注模的浇注系统可分为主流道、分流道和浇口，加料室底部可开设几个流道同时进入型腔。

（4）导向机构　压注模的导向机构一般由导柱和导柱孔组成。在柱塞和加料室之间、在型腔分型面之间都应设置导向机构。

（5）侧向分型抽芯机构　当制品上有侧面凹凸时，模具上应设置侧向分型抽芯机构。

（6）脱模机构　压注模具的脱模机构一般由推杆、推板和复位杆等组成。

（7）加热系统　固定式压注模可分为柱塞、加料室和上模、下模三部分，成形时应分别对这三部分进行加热。压注模的加热可通过压力机的加热板进行，也可在固定式压注模的型腔四周安放加热元件。移动式压注模的加热是通过压力机上的上、下加热板进行的。压注前，柱塞、加料室和压注模本体都应放在加热板上进行预热。

3. 压注模具的类型与结构特点

根据加料室的结构特征，压注模可分为以下几类。

（1）罐式压注模 罐式压注模又称为组合式或三板式传递模。在加料室的下方，设有主流道通向型腔。在多型腔罐式压注模中，塑料可由主流道经分流道注口流向型腔。图3-57所示为固定式罐式压注模，模具的加料室、主流道与构成型腔的上模在一块板上，开模时，它悬挂在压料柱塞和下模之间。罐式压注模既可以安装在普通上压式压力机上，也可安装在下压式压力机上。移动式罐式压注模的加料室与模具本体是可以分离的，如图3-58所示。开模时，先从模具上取下加料室，再分别进行清理并脱出制品。

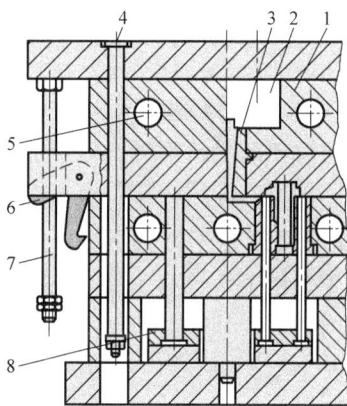

图3-57 固定式罐式压注模
1—加料室 2—压柱 3—浇口套 4—拉杆
5—加热元件 6—锁钩 7—螺栓杆
8—推杆固定板

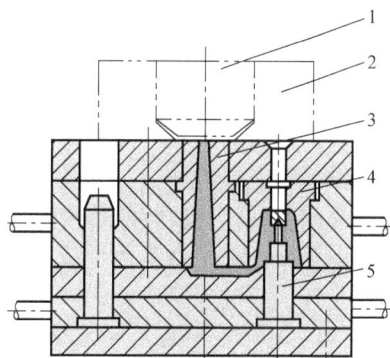

图3-58 移动式罐式压注模
1—压柱 2—加料室 3—浇口套
4—凹模 5—型芯

罐式压注模可在普通压力机上成形，压注力通过压料柱塞作用于加料室底面，然后通过上模传递到分型面上将型腔锁住，避免从分型面溢料。作用于加料室底部的总压力要大于型腔内压力所产生的将分型面顶开的力。

（2）活板式压注模 活板式压注模的加料室和型腔之间通过活板分开，活板以上为加料室，活板以下为型腔，流道浇口开设在活板的边缘，如图3-59所示。活板式压注模结构简单，通常在普通压力机上采用手工操作，多用于中、小型制品的生产，特别适用于镶件两端都伸出制品表面的制品。这时，镶件的一端固定在凹模底部的孔中，另一端固定在活板上。当制品在型腔内硬化定型后，通过推杆将制品连同活板一起顶出，随后清理活板及残留在活板上部的硬化废料。为了提高生产率，每套模具可加工两块活板轮流使用。

（3）柱塞式压注模 柱塞式压注模必须在专用压力机上使用，这种压力机具有两个液压缸。一个缸起锁模作用，称为主缸；另一个缸起将物料推入型腔的作用，称为辅助缸。由于主缸的压力比辅助缸大得多，所以避免了溢料。由于没有主流道的加热作用，因此最好采用经过预热的原料进行压注。图 3-60 所示为单型腔柱塞式压注模，该模具可以在普通压力机上进行压注。模具的锁紧是靠螺纹连接完成的，这样的结构减小了制品飞边的产生。

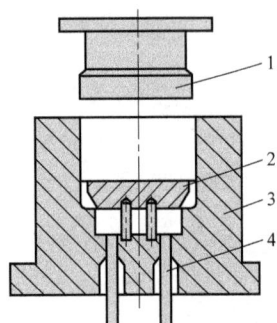

图 3-59　活板式压注模

1—压柱　2—活板　3—凹模　4—推杆

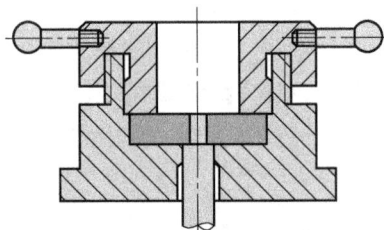

图 3-60　单型腔柱塞式压注模

图 3-61 所示为多型腔柱塞式压注模，此类模具的流道较短，柱塞和加料室均在模具上方，辅助缸安装在上方的压力机上，自上而下进行压注。主缸位于压力机下方，自下而上进行闭模。

图 3-62 所示为推料柱塞设在下方的压注模，该模具的推料柱塞位于模具下方。压力机的主缸安装在上方，自上而下完成闭模动作；辅助缸安装在压力机下方，自下而上完成挤料和推出制品。

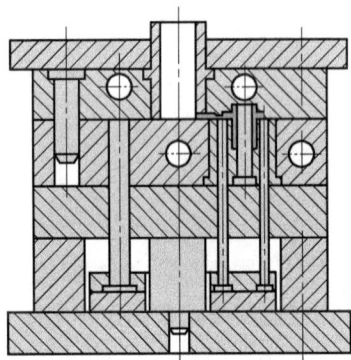

图 3-61　多型腔柱塞式压注模

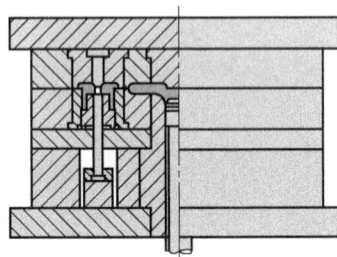

图 3-62　推料柱塞在下方的压注模

柱塞式压注模可采用较低的压力进行压注，由于没有主流道废料，因此原料损耗较小。对于单型腔模具来讲，由于塑料不通过狭小的流道，可用来压注流动性较差的塑料。由于制品、分流道及残留在装料室内的废料是作为一个整体从模具中脱出的，故生产率较高。

四、挤出模具

塑料挤出成形是用加热或其他方法使塑料成为流动状态，然后在一定压力作用下使其通过模具而制得连续型材的成形方法。挤出成形在塑料成形加工工业中占有很重要的地位，几乎能用于加工所有的热塑性塑料和部分热固性塑料。挤出加工制品的种类很多，包括薄膜、管材、棒材、板材、电缆包层、单丝及其他异型材等。

1. 挤出成形机头的用途与分类

（1）挤出成形机头的用途 机头是挤出成形模具的主要部件，它具有以下几种用途。

1）使物料由螺旋运动变为直线运动。

2）产生必要的成形压力，保证制品密实。

3）使物料通过机头得到进一步塑化。

4）通过机头成形所需断面形状的制品。

（2）挤出成形机头的分类 挤出机头的分类方法很多，常用的有以下几种。

1）按照机头的用途分类。根据用途的不同，挤出机头可分为挤管机头、挤板机头、挤棒机头、吹膜机头、电缆包层机头，单丝机头、造粒机头及异型材机头等。

2）按照制品的出口方向分类。根据制品出口方向的不同，挤出机头可分为直向机头和横向机头。直向机头内的料流方向与挤出机螺杆轴向一致，如硬管机头等；横向机头内的料流方向与挤出机螺杆轴向成某一角度，如电缆机头等。

3）按照机头内压力大小分类。根据内部压力的不同，机头可分为低压机头、中压机头和高压机头。低压机头的料流压力低于4MPa；中压机头的料流压力为 4～10MPa；高压机头的料流压力在 10MPa 以上。

2. 挤出成形机头的典型结构及主要零部件

挤出成形机头的种类很多，不同种类机头的结构差异较大。下面以管材挤出成形机头为例，说明挤出机头的基本结构及主要零部件，如图 3-63 所示。

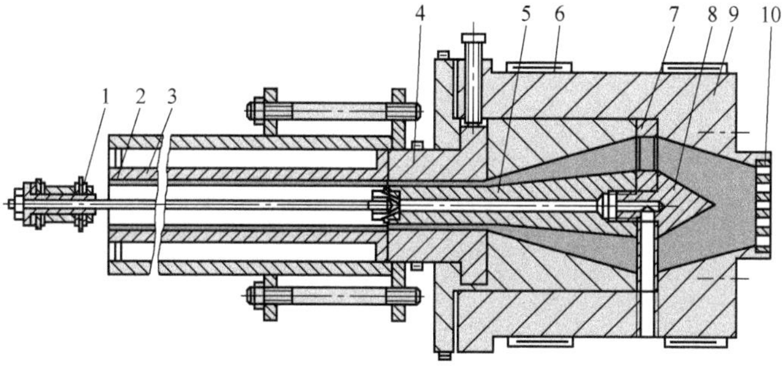

图 3-63 管材挤出机头与定形模
1—堵塞 2—管材 3—定径套 4—口模 5—调节螺钉 6—芯棒
7—电加热圈 8—分流器支架 9—分流锥 10—机头体

（1）口模和芯棒 管材挤出机头的口模成型管材的外表面，芯棒成型管材的内表面。口模和芯棒的定形部分决定制品的横截面形状。

（2）多孔板和过滤网 多孔板和过滤网的作用是将物料由螺旋运动变成直线运动，同时还能阻止未塑化的塑料及机械杂质进入机头。与此同时，多孔板还有支承过滤网的作用。挤出模具设置多孔板和过滤网可以增加材料的阻力，使制品更加密实。多孔板的结构如图3-64 所示。

（3）分流器和分流器支架　分流器又称鱼雷头。塑料通过分流器变成薄环状，这样便于进一步加热和塑化，大型挤出机的分流器内部还设有加热装置。分流器支架主要用于支承分流器和芯棒，同时也使料流分束以加强均匀搅拌作用。小型机头的分流器支架可与分流器设计成一个整体。

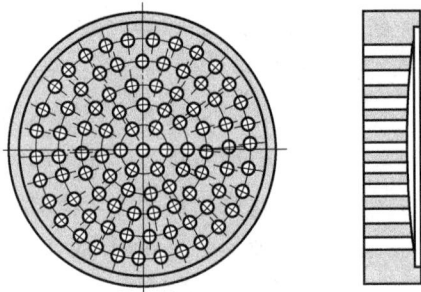

图 3-64　多孔板的结构

五、中空吹塑模具

1. 吹塑模具的分类

吹塑成形包括挤出吹塑、注射吹塑及注射拉深吹塑等工艺方法。成形方法与设备不同，模具的外形也不同。根据模具的工作情况，吹塑模具可分为以下两种类型。

（1）手动铰链式模具　手动铰链式模具依靠人工打开或闭合，是由玻璃吹塑模具沿用过来的。目前，此类模具仅用于小批量生产及新产品试制。手动铰链式模具的型腔由左、右两个半模组成，在它的一侧装有铰链，另一侧装有开、闭模手柄及锁紧零件，如图 3-65 所示。

（2）平行移动式模具　平行移动式模具是由左、右两块具有相同型腔的半模组合而成的。吹塑机上的开、闭模装置有油压式、凸轮式、齿轮式和肘节式等多种。吹塑模具通常直接用螺钉安装在吹塑机的模板上，依靠开、闭模装置实现模具的开、闭模运动。模具的安装方法、安装尺寸及外形尺寸都需要根据所用吹塑机的具体情况确定。图 3-66 所示为平行移动式吹塑模具。

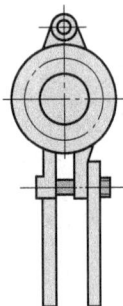

图 3-65　手动铰链式模具

图 3-66　平行移动式吹塑模具

2. 吹塑模具的基本结构与特点

无论采用何种成形方法，吹塑模具都是由两个半模组成的。通常情况下，模具的每个半模由口部、体部和底部构成，各部分均设有单独的冷却水通路。

（1）吹塑模具的基本结构　吹塑模具一般由口部、体部和底部等部分组成，各部分分别靠螺钉和销钉与座板连接在一起。

1）口部。吹塑模具的瓶口部分既要与设备的吹嘴配合，又要起到成形作用，因此应具有一定的硬度。

2）体部。吹塑模具的瓶体部分是产品成形的主要部位，可根据用途的不同设计成各种形状。但是，无论型腔的截面形状如何，在模具上均不能有妨碍制品脱模的部分。

3）底部。一般情况下，为了使制品能够在水平面上直立放置，塑料瓶的瓶底中部均为凹入式的。为了能够实现自动灌装，也有部分瓶底设有止转槽。无论采用何种吹塑成形方式，模具瓶底部分的脱模方向必须垂直于开模方向。

（2）吹塑模具的结构特点 吹塑模具的型腔可分为组合式和镶嵌式两类。

1）组合式。组合式吹塑模具由左右瓶口板、左右瓶体板及左右瓶底板组合而成，如图 3-67 所示。模具的瓶口板、瓶体板及瓶底板采用螺钉和圆柱销紧固在一起。左、右两半模具的定位由安装在瓶体板上的导柱保证，冷却水通路在瓶体板上加工出来。

为了保证板与板之间的紧密配合，可适当减小板间接触面。即留下必要的接触部分，去掉其他部分，这样可以相对增大板与板之间的紧固力，避免在使用过程中产生松动现象。

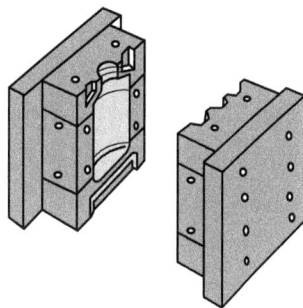

图 3-67 吹塑模具的基本结构

2）镶嵌式。镶嵌式模具的主体由一块金属加工而成，其口部和底部分别嵌入成形镶件，镶件可采用压入或螺钉紧固。为了避免发生漏水现象或在制品上留下较为明显的拼缝痕迹，镶件与模具本体之间必须紧密接触。为了使型腔的加工更为方便，有时可采用先压后嵌的加工工艺方法。

在图 3-68 所示结构中，在模体板 2 内分别嵌入了瓶口镶件 1 和瓶底镶件 5，模具采用直通水冷却的方式，左、右模体的定位由导柱 4 保证。

在图 3-69 所示结构中，在模体板 5 内分别嵌入了瓶口镶件 1、螺纹镶件 2、瓶底镶件 8 和盖板 9，模具采用水槽冷却的方式，由座板 6 封闭水路，左、右模体的定位由导柱 3 保证。

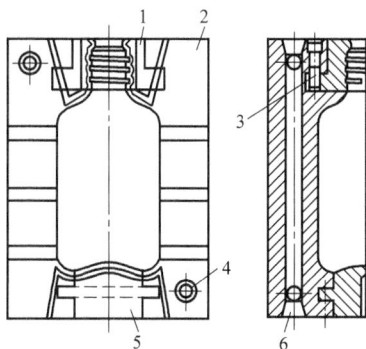

图 3-68 压入镶嵌式吹塑模具
1—瓶口镶件 2—模体板 3—螺钉
4—导柱 5—瓶底镶件
6—水堵

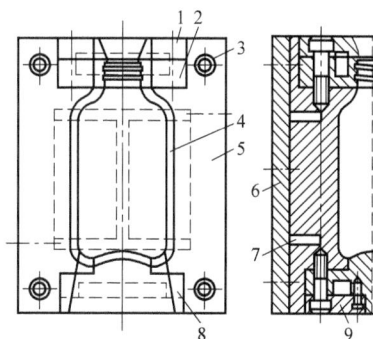

图 3-69 螺钉紧固式吹塑模具
1—瓶口镶件 2—螺纹镶件 3—导柱 4—研合面
5—模体板 6—座板 7—水道
8—瓶底镶件 9—盖板

思考与练习

1. 简述单分型面注射模具的工作原理。

2. 对于带有侧向凸凹结构的产品，何时采用活动镶块结构，何时采用侧向分型抽芯机构？

3. 塑料注射成形模具由哪几部分组成？各部分的作用分别是什么？

4. 模具在注射机上的固定方式包括哪些？

5. 压缩模具可分为哪些种类？各有何特点？

6. 简述压注模具的基本结构。

7. 挤出成形机头的用途是什么？

8. 吹塑模具由哪几部分组成？各部分是如何连接的？

第四章

其他模具

第一节　压铸成形工艺及模具结构

中国古代的辉煌铸造史

早在 3000 多年以前，我国就采用泥范（泥型）来浇注各种铸件。公元前 6 世纪，我国发明了生铁冶铸技术，比欧洲早 1800 多年。隋唐以后，随着社会经济的发展，铸造技术有了长足的进步。公元 974 年铸造的河北沧州大铁狮高 6.1m，长 5.5m，重达 50t；明朝永乐年间铸造的永乐青铜大钟重达 40t，钟体内、外遍铸经文，达 10 余万字，精美绝伦。

一、压铸成形工艺

1. 压铸概述

（1）压铸成形　压铸是将液态或半固态金属浇入压铸机的压室中，金属液在运动的压射冲头作用下，以极快的速度充填型腔，并在压力的作用下结晶凝固而获得铸件的一种铸造方法。

（2）压铸设备　压铸的过程是由压铸机来实现的，如图 4-1 所示。

压铸机可分为热压室压铸机和冷压室压铸机两大类，分别如图 4-2 和图 4-3 所示。

1）热压室压铸机的基本工作原理。热压室压铸机的压室通常浸没在坩埚的金属液中。在压铸过程中，金属液在压射冲头上升时通过进口进入压室。随后，压射冲头下压，金属液沿通道经喷嘴充填压铸型型腔。待金属液冷却凝固成型后，压射冲头上升，开模取出铸件，

图 4-1　压铸机

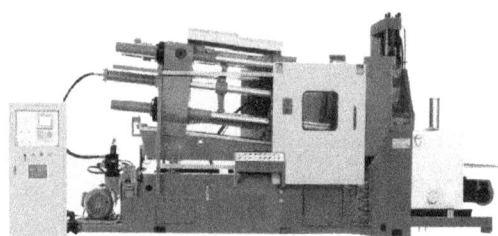

图 4-2　热压室压铸机

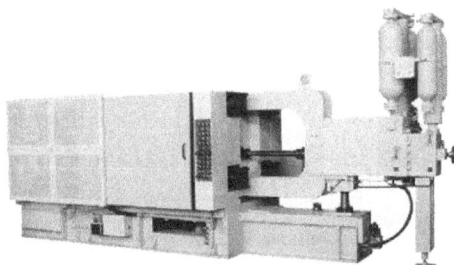

图 4-3　冷压室压铸机

完成一个压铸循环，如图 4-4 所示。

　　2）冷压室压铸机的基本工作原理。冷压室压铸机的压室与保温坩埚是分开的。在压铸时，工人首先用料勺从保温坩埚内舀取金属液浇入压室，然后进行压铸操作。根据压铸型与压室相对位置的不同，冷压室压铸机又可分为立式、卧式和全立式三种，其压铸过程如图 4-5、图 4-6 及图 4-7 所示。

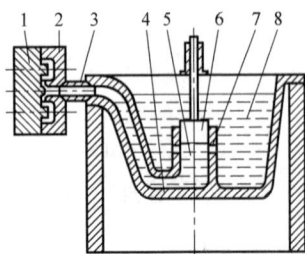

图 4-4　热压室压铸机压铸原理图
1—动模　2—定模　3—喷嘴　4—坩埚
5—压室　6—压射冲头
7—进口　8—金属液

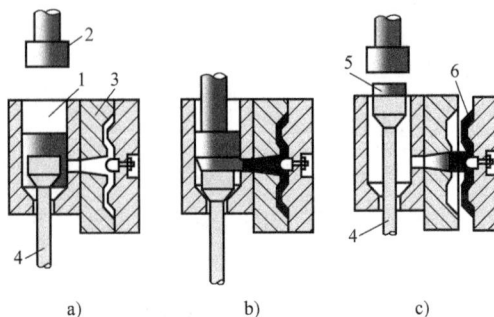

a)　　　　b)　　　　c)

图 4-5　立式冷压室压铸机压铸原理图
a）合模并注入金属液　b）加压　c）开模取件
1—压缩室　2—压缩活塞　3—铸型
4—下活塞　5—余料　6—压铸件

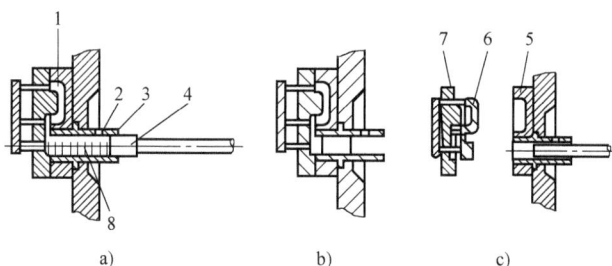

图 4-6 卧式冷压室压铸机压铸原理图

a) 合模 b) 压铸 c) 开模

1—型腔 2—加料口 3—压室 4—压射冲头 5—定模 6—压铸件 7—动模 8—金属液

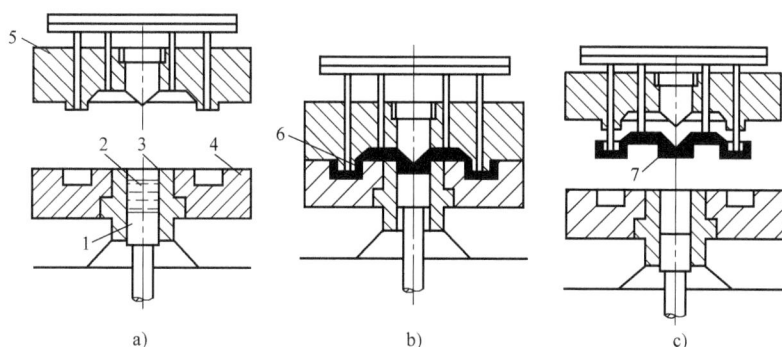

图 4-7 全立式冷压室压铸机压铸原理图

a) 上压式 b) 合模 c) 开模

1—压射冲头 2—金属液 3—铸型 4—定模 5—动模 6—型腔 7—铸件

（3）压铸工艺的特点、应用及发展

1）压铸工艺的特点。

① 压铸成形生产率极高，生产过程容易实现机械化和自动化。一般情况下，冷压室压铸机每 8h 可压铸 600 ~ 700 次，热压室压铸机每 8h 可压铸 3000 ~ 7000 次。

② 压铸件具有尺寸稳定，精度高，一致性好，加工余量少，装配性能好的特点。压铸件的尺寸精度可达 IT11 ~ IT13，有时可达 IT9；表面粗糙度值一般为 $Ra0.8 ~ Ra3.2\mu m$，最低可达 $Ra0.4\mu m$。

③ 压铸时，金属液是在压力下凝固的。由于材料的高速充填，冷却速度极快，使铸件表面生成一层厚度为 0.3 ~ 0.8mm 的冷硬层。冷硬层具有金属晶粒细小、组织致密的特点，所以压铸件的强度和硬度较高，坚实耐磨。当压铸件壁厚适当且均匀时，其强度更高。

④ 由于金属液在高压下能够保持较高的流动性，所以压铸可以成形形状复杂、轮廓清晰的薄壁、深腔铸件。锌合金压铸件的最小壁厚可达 0.3mm，铝合金约为 0.5mm。最小铸出孔径为 0.7mm，可铸螺纹的最小螺距为 0.75mm。

⑤ 在压铸成形过程中，由于金属液的充填速度极快，所以很难将卷入型腔的气体完全排除。一般情况下，压铸件内常有气孔及氧化夹杂物存在，所以质量不是很高，不能进行热

处理，也不宜在高温下工作。

⑥ 压铸件的尺寸与压铸机锁型力及装模尺寸有关。目前，随着大型压铸机的高速发展，大型零件的压铸问题正逐渐得到解决。

⑦ 由于压铸机价格高，压铸模具制造费用高、工时长，且维修费用也较高，所以压铸成形的生产总成本较高，一般只适用于大批量生产。

2）压铸工艺的应用及发展。目前，采用压铸工艺生产的铸件重量可以从几克到数十千克，其投影面积可以从零点零几平方厘米到数千平方厘米。现代工业的各个部门，如汽车、摩托车、拖拉机、航空、农业机械、仪器、仪表和日常用品等方面无不用到压铸件。

美国、日本、英国和德国等发达国家的压铸件生产主要是在汽车制造业的促进下发展起来的。从压铸机质量和先进技术的综合水平以及生产率来看，我国当前的压铸生产与世界先进国家尚有一定的距离。但是，随着汽车、航空和仪表等制造业的发展，压铸生产技术将在较短的时期内有较大的飞跃。

（4）典型压铸产品及应用　采用压铸工艺，可生产表盖、机盖、底盘等圆盖或圆盘类零件，接插件、轴承保持器和转向盘等圆环类零件，凸缘外套、导管、壳体形状的罩壳、仪表盖、上盖、深腔仪表罩、照相机壳与盖、化油器等筒体类零件，气缸体、气缸盖及泵体等多腔的复杂壳体等多孔缸体、壳体类零件及叶轮、扬声器、字体由肋条组成的装饰性压铸件等特殊形状类零件，如图4-8所示。

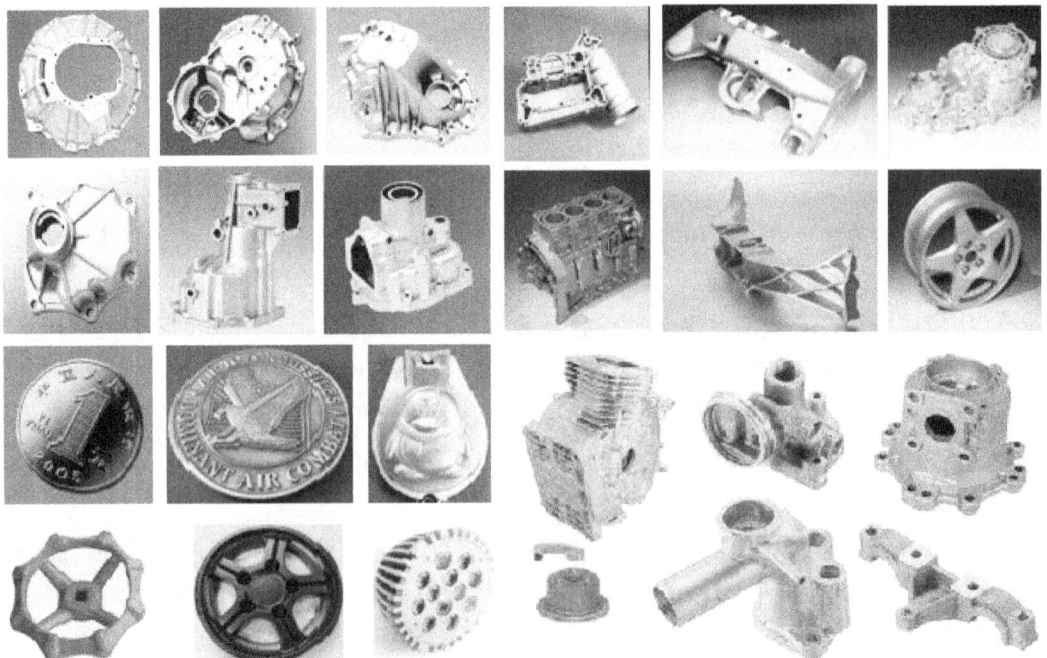

图4-8　典型压铸产品

（5）常用压铸合金材料及特点　压铸合金、压铸型和压铸机是压铸生产的三要素。要获得优质的压铸件，除要求压铸件的结构工艺性合理，压铸型设计合理、制造精确，压铸机性能优良之外，还要有压铸工艺性良好的合金。常用的压铸合金有锌合金、铝合金、镁合金和铜合金等。其中，铅、锡合金仅用于少数场合。

1) 锌合金压铸的特点及性能。

① 锌合金具有良好的压铸性能，可用于压铸形状复杂、薄壁、尺寸精度高的产品。

② 锌合金有较高的抗拉强度、屈服强度、冲击韧性、硬度及较好的延伸率，可加工性良好。锌合金压铸件表面非常光滑，比较容易进行各种表面处理。

③ 锌合金采用热室压铸机压铸成形，生产率高，可实现全自动生产，产品成本较低。

④ 锌合金压铸工艺广泛应用于制作对强度、尺寸精度及内部质量要求较高的汽车化油器、锁具、齿轮、框架等结构零件和对铸件表面质量要求较高、表面光洁、造型美观的装饰用品、玩具、灯饰、手表外壳、手机外壳、金属扣和卫浴配件等。

2) 铝合金压铸的特点及性能。

① 铝及其合金密度较小，可用于制造各种要求减轻重量的零部件，如汽车、航空和航天零件等。

② 铝合金具有良好的导电和导热性能。

③ 铝合金具有良好的耐氧化腐蚀性。在空气中，铝表面容易生成一层致密的三氧化二铝氧化膜，能够阻止进一步被氧化。在碱性介质和盐水中，铝合金是不耐腐蚀的。

④ 铝合金具有高强度和良好的塑性，可以加工成各种形状。

⑤ 铝合金压铸工艺广泛应用于汽车发动机缸体、缸盖、化油器壳体、齿轮泵、汽车底盘、制动踏板及电钻外壳、电动机转子、保护罩、手机外壳、计算机外壳和电视接线盒等零件的制作。

2. 压铸工艺

压铸工艺是把压铸合金、压铸型和压铸机这三个压铸生产要素有机组合和运用的过程。压铸时，影响金属液充填成型的因素很多，其中主要包括压射压力、压射速度、充填时间和压铸型温度等。在生产过程中，正确选择与控制工艺参数至关重要。

(1) 压力 压力是使压铸件获得致密组织和清晰轮廓的重要因素，压铸压力有压射力和压射比压两种形式。

(2) 速度 在压铸过程中，速度受压力的直接影响，又与压力共同对产品内部质量、表面轮廓清晰度等因素起着重要的作用。速度有压射速度和内浇口速度两种形式。

(3) 温度 在压铸过程中，温度规范对充填成形、凝固过程及压铸型寿命和稳定生产等方面都有很大影响。压铸的温度规范主要是指合金的浇注温度和模具温度。

(4) 时间 压铸工艺中的时间指充填时间、增压建压时间、持压时间和留模时间。

(5) 压室充满度 浇入压室的金属液量占压室总容量的程度称为压室的充满度，通常以百分率表示。压室充满度过小，则上部空间过大，金属液包卷气体严重，使铸件气孔增加，还会使合金液在压室内被激冷，对填充不利。一般情况下，压室的充满度应控制在40%～80%的范围内，以75%左右为宜。

(6) 压铸用涂料 在压铸过程中，需要在模具型腔、型芯、冲头和压室等工作表面，以及滑块、推出元件等运动零件的摩擦部位喷涂润滑材料与稀释剂的混合物，此混合物统称为压铸涂料。

二、压铸模具的基本结构

压铸型是进行压铸生产的主要工艺设备。在设计压铸型时，必须分析铸件结构工艺性，了解所选压铸机的工作特性和技术参数，掌握不同情况下金属液的充填特性及模具加工制造条件和经济效果。

1. 压铸型的基本结构及功能

（1）压铸型的结构组成与压铸过程　如图 4-9 所示，合模时，压铸型的动模与定模闭合，构成模具的型腔和浇注系统。接着，金属液在高压下通过模具浇注系统充填型腔。开模时，模具动模与定模分开，压铸机上的顶出机构带动模具上的推出机构将压铸件推出模外。

（2）典型压铸型的结构　典型压铸型的结构如图 4-10 所示。

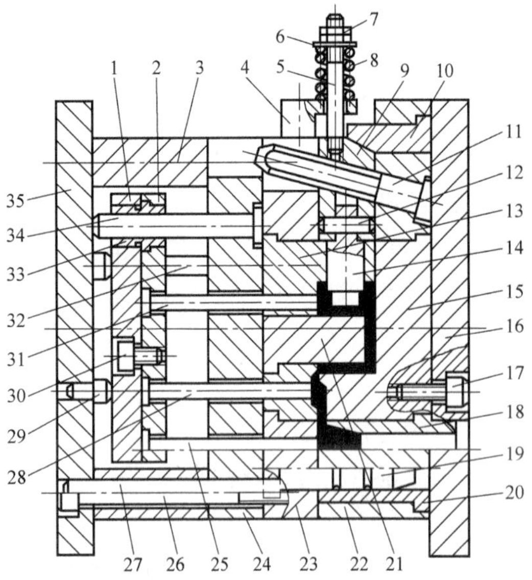

图 4-9　压铸型的结构组成

1—推板　2—推杆固定板　3—垫块　4—限位挡块
5—拉杆　6—垫片　7—螺母　8—弹簧　9—侧滑块
10—楔紧块　11—斜销　12—圆柱销　13—动模镶块
14—侧型芯　15—定模镶块　16—定模座板
17、26、30—内六角螺钉　18—浇口套　19、27—导柱
20—导套　21—型芯　22—定模套板　23—动模套板
24—支承板　25、28、31—推杆　29—限位钉
32—复位杆　33—推板导套
34—推板导柱　35—动模座板

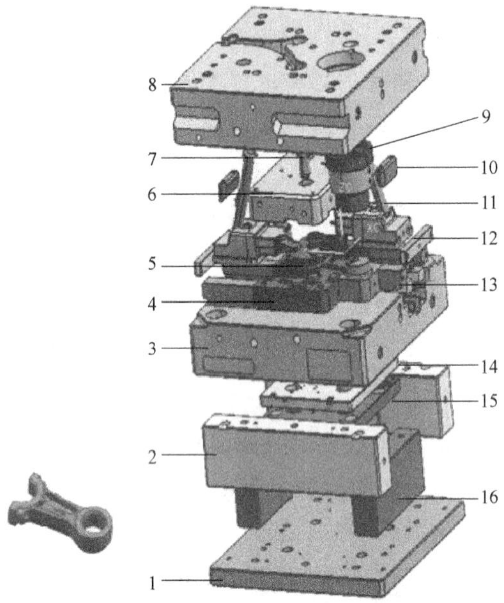

图 4-10　典型压铸型的结构

1—动模座板　2—垫块　3—动模套板
4—动模镶块　5—压铸件　6—定模镶块
7—镶件　8—定模套板　9—浇口套
10—楔紧块　11—斜销　12—侧型芯
13—压条　14—推杆固定板
15—推板　16—支承块

（3）压铸型的基本结构及功能

1）定模。压铸型的定模与压铸机的压射机构连接，并固定在设备的定模安装板上，浇注系统与压室相通。

2）动模。直浇道与压铸机的喷嘴或压室连接，固定在压铸机的动模套板上，随动模套板作开合模移动。

3）成形工作零件。定模镶块与动模镶块合拢后，构成型腔的零件称为模具的成形工作零件，包括固定的和活动的镶块和型芯等，如图 4-11 所示。

4）浇注系统。连接压室与模具型腔，引导金属液进入型腔的通道，如图 4-12 所示。

图 4-11　定模、动模与成形部分

图 4-12　浇注系统图

5）溢流与排气系统。排除压室、浇道和型腔中的气体的通道，包括排气槽和溢流槽，一般开设在成形工作零件上，如图 4-13 所示。

6）推出机构。将压铸件从模具中推出的机构，如图 4-14 所示。

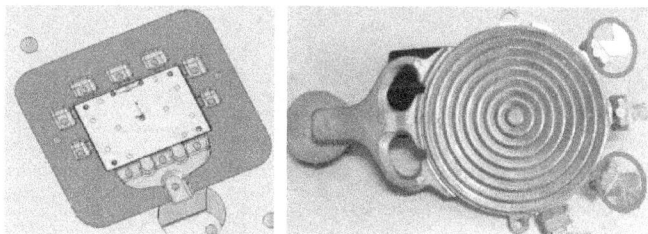

图 4-13　溢流与排气系统

图 4-14　推出机构

7）侧抽芯机构。抽动与开合模方向运动不一致的成形零件的机构，在压铸件推出前完成抽芯动作，如图 4-15 所示。

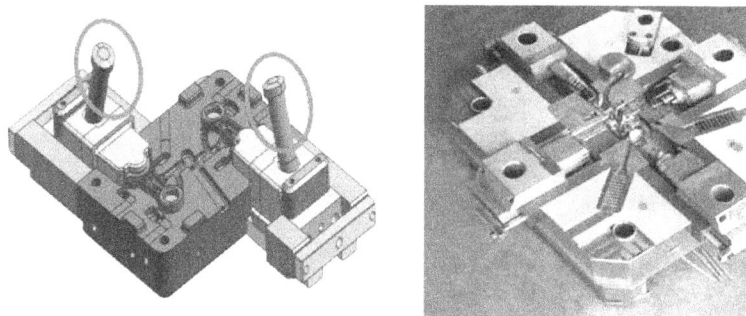

图 4-15　侧抽芯机构

8）导向零件。引导定模和动模在开模与合模时可靠地按照一定方向进行运动的零件，如图 4-16 所示。

9）支承部分。模具各部分按照一定规律和位置组合并固定后，安装到压铸机上的零件，如图4-17所示。

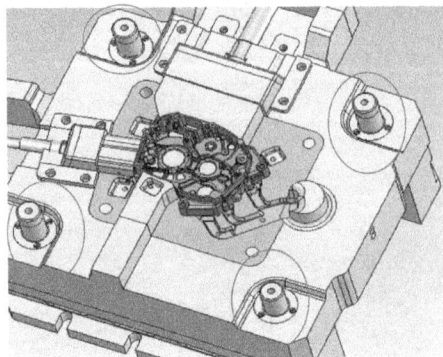

图4-16 导向零件

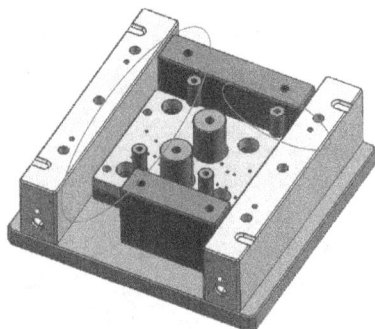

图4-17 支承部分

10）其他。除前述各部分零件外，模具内还有其他紧固件和定位件等。

（4）模具分型面的选择

1）压铸型分型面的类型。压铸型分型面包括水平分型面、倾斜分型面、阶梯分型面和曲面分型面等，如图4-18所示。

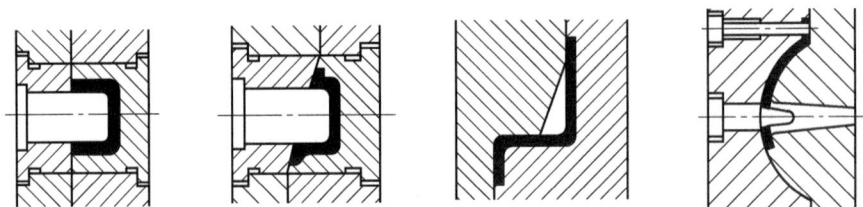

图4-18 分型面的类型

2）分型面的选择原则。

① 尽可能使产品在压铸机开模后留在动模。

② 模具分型面应尽量设计在压铸件端面轮廓最大的地方。

③ 模具分型面应尽量设置在金属流动方向的末端。

④ 模具分型面的位置应有利于保证压铸件的质量。

⑤ 为简化模具结构，尽可能选择水平分型面。

⑥ 分型面的选择应保证侧向活动型芯能够顺利抽出。

2. 压铸型的设计过程

（1）设计前的基础性准备 在模具设计前，应首先研究产品对象，熟悉压铸机及模具制造知识和现场压铸工艺知识等。

（2）压铸型设计的工艺准备 在进行压铸模具设计前，应首先对零件图样进行工艺性分析，然后初步分析模具结构，选择压铸机，绘制压铸毛坯图。

（3）设计压铸型的基本要求 设计良好的压铸型应符合压铸毛坯的技术要求，适合压铸生产工艺要求，满足模具加工工艺要求及结构，模具结构简单合理、标准通用。

（4）压铸型设计 在压铸型的设计过程中，应首先确定模具结构，然后进行模具总装图及零件图的绘制，最后进行模具图样的修正与定型。

思考与练习

1. 什么是金属压力铸造？
2. 常用的压铸合金包括哪些？
3. 简述常用压铸机的基本工作原理。
4. 压铸机的哪些参数与模具设计有关？
5. 压铸型由哪些部分组成？
6. 压铸工艺的特点是什么？主要应用在什么场合？
7. 说明图 4-19 所示模具中所标零件的名称及作用。

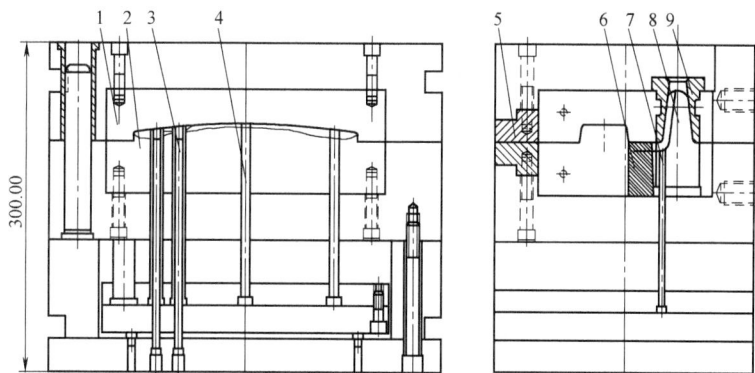

图 4-19　压铸模具结构图

第二节　橡胶模具

小知识

橡胶的由来

橡胶一词来源于印第安语 cau – uchu，意为"流泪的树"。天然橡胶是由三叶橡胶树割胶时流出的胶乳经凝固、干燥后制得的。1770 年，英国化学家 J. 普里斯特利发现橡胶可用来擦去铅笔字迹，当时将这种用途的材料称为 rubber，此词一直沿用至今。

一、橡胶概述

1. 橡胶的特性及用途

橡胶工业在国民经济中占有及其重要的地位,发挥着十分重要的作用。在工程应用中,材料大致可分为两大类:一类是结构材料(主要用其强度、弹性等力学性能),另一类是功能材料(主要用其声、光、电、磁等功能)。橡胶既是重要的结构材料,又具有一定的功能,因而是一种非常重要的工程材料。橡胶具有独特的高弹性,优异的疲劳强度,极好的电绝缘性能,良好的耐磨耗性和耐热性,以及良好的防振性、不透水性、不透气性和化学稳定性等,因而应用范围十分广泛。

2. 常用橡胶的分类

根据来源的不同,橡胶可分为天然橡胶(NR)和合成橡胶(SR)两类;按照用途的不同,橡胶可分为通用橡胶、特种橡胶和专用橡胶;根据形态的区别,橡胶可分为板块固态橡胶、粉末橡胶、液体橡胶和热塑性橡胶;按照物理状态的不同,橡胶可分为生橡胶、熟橡胶、硬橡胶、混炼胶和再生胶。

3. 常用橡胶的性能与用途

常用橡胶的性能与用途见表4-1。

表4-1　常用橡胶的性能与用途

橡胶种类	主要性能	缺点	用途
天然橡胶(NR)	有很好的耐磨性、弹性和力学性能,滞后损失小	在空气中易老化,遇热变粘,易溶于汽油和某些非极性溶剂,耐油性差	用于生产轮胎、胶管(带)、胶鞋、日用品和体育用品等
丁腈橡胶(NBR)(国产NBR中含丙烯腈的质量分数为18%~48%。三级分别为丁腈-40、丁腈-30和丁腈-20)	极性很强,有良好的耐油和耐非极性溶剂性能 丙烯腈的含量越高,其耐油、耐热性能越好,但耐低温性差	耐低温性和耐臭氧差	用于制造各种耐油制品,丁腈-40用于直接与油类接触及耐油性能要求较高的制品(油封),丁腈-30用于普通耐油制品(油箱、印刷胶辊、耐油胶管),丁腈-20用于耐油性较低的制品
丁基橡胶(IIR)	气密性优良,是所有橡胶中最好的,化学稳定性好,耐热、耐臭氧,不易老化,耐强酸、碱腐蚀	加工温度要求高,硫化速度慢,粘着性和耐油性差,永久变形大,滞后损失大,弹性小	用于生产内胎、硫化胶囊,电缆,化工容器衬里和耐热、耐水的密封垫片等
丙烯酸酯橡胶(ACM)	强度高,耐热性能、耐高温性能、耐候化老化性能及耐臭氧老化性能,气密性能等都很好,尤其是耐热油性能特别突出	耐水性能和耐水蒸气性能差、电绝缘性能低、耐寒性不佳	耐热耐油的制品零件,如发动机中的各种耐热元器件和高温油的密封件等,使用温度范围为-10~180℃
聚氨酯(PU)	具有优良的耐磨性、强力和弹性,良好的耐油、耐低温及耐臭氧老化性	易水解,耐水性、耐热性差,生热大	用于生产各种密封件,如油封、胶辊、胶带、胶鞋和实心轮胎等
硅橡胶(Q)	具有耐热、耐寒、耐臭氧、耐大气老化及良好的电绝缘性,无毒	拉断强度、拉断伸长率小,压缩变形大,不耐强酸、强碱,价格昂贵	耐高、低温的橡胶制品,包括硅橡胶垫圈和衬垫等;密封件、耐高温电缆及食品、医疗行业的制品
氟橡胶(FPM)	具有良好的力学性能,耐高温、耐油、耐强酸、强氧化剂及各种溶剂	自粘性差,加工工艺性不好,耐寒性差	用于石油、化工、航天、火箭、导弹等领域(最初是作为喷气式飞机)所用的耐高温橡胶而研制的,使用温度为-30~250℃

二、橡胶模具设计概述

橡胶模具设计的基本要求是满足制品的设计和使用要求。模具设计得是否合理,将直接影响到制品零件的尺寸精度、物理性能、表面质量、劳动强度、生产成本和生产率。因此,在橡胶制品的生产中,模具设计是一项非常重要的技术。

1. 橡胶制品

(1)橡胶模制品 通常指胶料在其模具型腔中成形并硫化所得到的制品。橡胶模制品是橡胶制品中品种最多、应用最广的一类特殊制品,如图4-20所示。

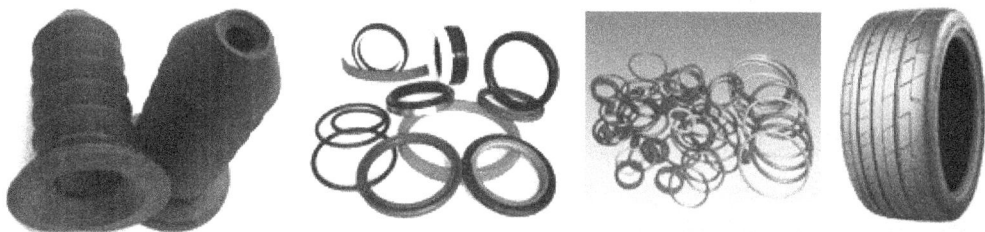

图 4-20 橡胶模制品

(2)橡胶模制品的特点 橡胶制品具有容易制造,外形准确,尺寸精度高,表面光洁,质地致密,工艺简单,易于机械化和半自动化生产,生产率高,成本低等特点。

(3)橡胶模制品生产分类 橡胶模制品的成形方法很多,较为常用的包括模压成形法和注射成形法。

1)模压成形法。将胶料或预成形半成品直接装入模具型腔,然后上压力机进行压制,同时加热硫化,从而得到制品零件的工艺方法。

模压成形的生产流程为:胶料→剪切称量或其他预成形→装入模具型腔→加压、硫化→开模取件→修除飞边→成品质量检查。

2)注射成形法。将胶料通过橡胶注射机直接注入模具型腔硫化,从而得到制品零件的工艺方法。

注射成形的生产流程为:胶料预热塑化→注射入模→硫化→开模取件→修除飞边→成品质量检查。

2. 橡胶模具的分类

根据模具结构和制品生产工艺的不同,橡胶模具可分为压制成形模具、压注成形模具、注射成形模具和挤出成形模具四大类。此外,还有一些生产特种橡胶制品的特种橡胶模具,如充气模具和浸胶模具等。

(1)压制成形模具 将一定形状的胶料称量后加入敞开的型腔,采用压力机闭模加压。胶料在受热、受压的条件下呈现塑性流动而充满整个型腔。经过一定时间后完成硫化,再脱模、清除飞边得到所需制品的方法称为压制成形。

压制成形模具具有结构简单、通用性强、适用面广、操作方便等特点,可分为开放式、半封闭式和封闭式三种结构,如图4-21所示。在实际生产中,在平板硫化机上用的模具所

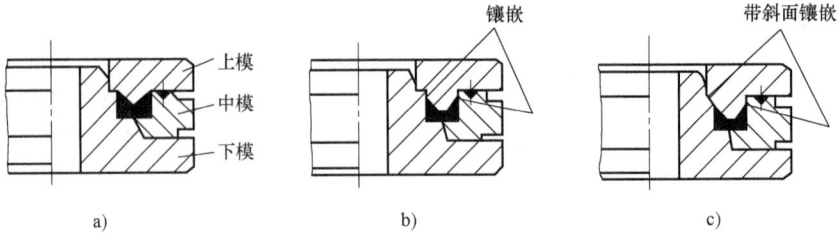

图 4-21 压制成形模具

a）开放式 b）半封闭式 c）封闭式

占比例较大。

（2）压铸成形模具 将塑炼过的胶料装入模具的专用或通用外加料室中，通过规定的液压机压力将胶料由模具的浇注系统挤入预先闭合的模具型腔内，保持规定的硫化温度及时间而获得成形制品的方法称为压铸成形，如图 4-22 所示。

压铸成形方法适用于成形形状较复杂、细长、薄壁、多镶件，以及直接装胶有困难的制

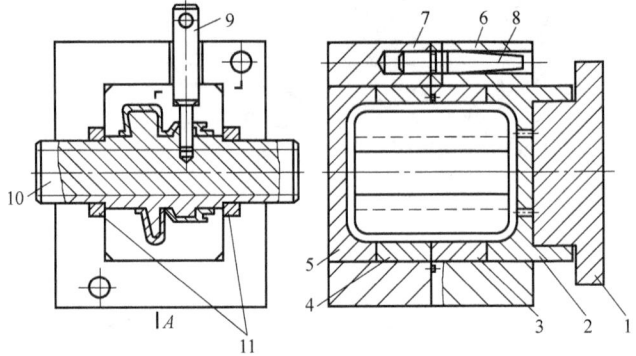

图 4-22 中小规格的压铸成形模具

1—柱塞 2—上模 3、4—中模 5—下模 6—上模套

7—下模套 8—定位销 9—侧孔芯 10—型芯 11—卡环

品。在成形过程中，由于型腔先闭合，再注入胶料，所以成形制品飞边少、致密性好、质量较高，缺点是压铸型造价稍高，操作劳动强度较大。

（3）注射成形模具 利用注射机的压力，将胶料直接由机筒注入模具型腔，完成成形并进行硫化的生产方法称为注射成形。注射成形的特点是先闭模、再注胶，制品具有飞边少、质量高，生产自动化程度高等优点，适于大型成批生产的厚、薄壁及几何形状复杂的制品。相对来说，注射成形的造价较高，模具结构比压铸型复杂，如图 4-23 所示。

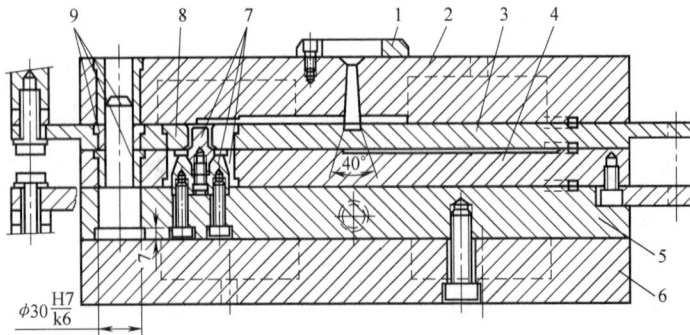

图 4-23 注射成形模具

1—定位环 2—定模背板 3—定模板 4—动模板 5—动模背板 6—垫板 7—动模镶块 8—定模镶块 9—合模导向

（4）挤出成形模具　挤出成形是通过螺杆的旋转，使胶料在螺杆和机筒之间受到强大的挤压力并不断向前移送，最后从机头上的口模中挤出各种截面形状橡胶半成品的工艺过程。挤出成形具有成本低、效率高、制品致密性好的特点。挤出成形模具如图4-24所示。

3. 橡胶制品的工艺性

1）橡胶制品的形状应力求简单。为减少制品的内应力和收缩变形，橡胶制品的壁厚应尽量设计为等厚或相差较小。若制品不同部位厚度不同，则应缓和过渡。

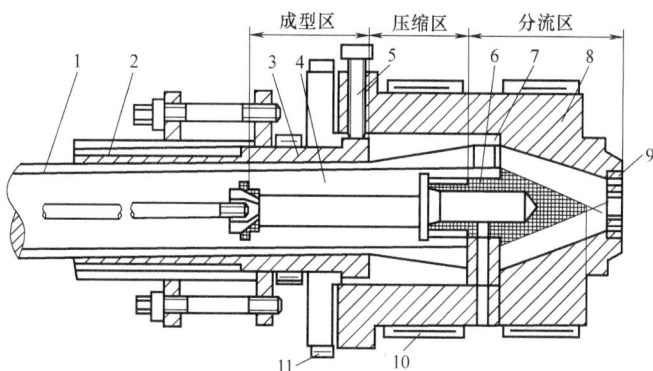

图4-24　挤出成形模具
1—管道　2—定径管　3—口模　4—芯棒　5—调节螺钉　6—分流器
7—分流器支架　8—机头体　9—过滤板　10、11—电加热图（加热器）

2）为避免制品在受到负荷后产生应力集中，以及改善胶料在模具中的流动性，制品的内圆角半径应不小于1mm，外圆角半径应不小于2mm。有时考虑到模具分型面的需要，也可以设计为尖角。

3）模压制品不宜成形小直径孔。一般情况下，孔的直径与深度之比应为1:5～1:2。

4）当橡胶制品设有侧向凹凸部分时，由于制品本身具有较大的弹性，压制后脱模和抽芯均较方便，所以一般不需要设置脱模和抽芯装置。

5）由于橡胶与金属镶件的膨胀系数不同，常会因收缩不一致而产生内应力，导致金属镶件变形。在设计金属镶件时，应适当增加其壁厚。一般平板金属镶件的厚度不小于1mm，而空心镶件的壁厚不应小于1.2mm。镶件与成形模具有关的表面应适当考虑间隙配合，一般为H8、H9/f9 或 H8、H9/b11（c10～c11），以避免镶件放不进型腔或镶件与模具被压损现象的发生。

6）模压成形硬橡胶制品时，为便于脱模，应考虑设置脱模斜度。一般软橡胶由于具有弹性，不必考虑脱模斜度。

7）橡胶制品的表面粗糙度应通过模具保证。

4. 橡胶模具设计原则

1）掌握橡胶制品所选的橡胶材料的牌号、硬度及收缩率。

2）模具结构合理，定位可靠，操作方便，易于清洗和制品修边。

3）型腔数量应适当，便于机械加工和使用。

4）在保证足够强度和刚度的条件下，应尽量减轻模具重量。

5）模具设计应符合系列化、标准化的要求，通用性好。

5. 典型橡胶模具的结构

（1）矩形圈模具　薄片状矩形圈结构简单，其模具如图4-25所示。

（2）筒式减振器模具　减振器的结构为筒状，其模具如图4-26所示。

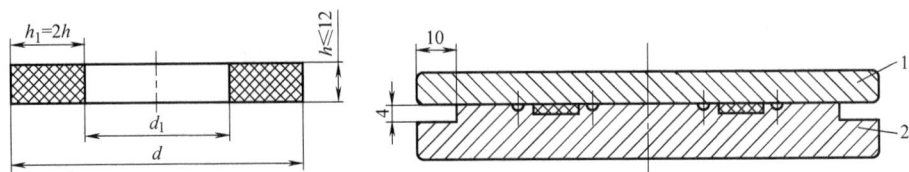

图 4-25　矩形圈模具
1—上模　2—下模

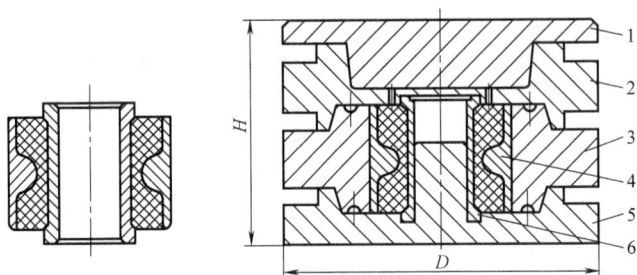

图 4-26　筒式减振器模具
1—压铸塞　2—上模　3—中模　4、6—金属骨架　5—下模

（3）碟状膜片模具　碟状结构的膜片模具如图 4-27 所示。

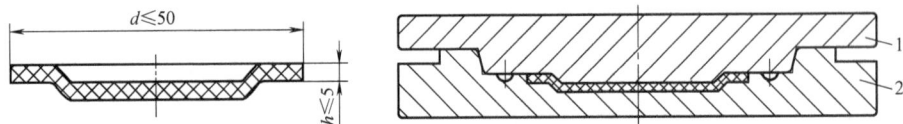

图 4-27　碟状膜片模具
1—上模　2—下模

随着我国橡胶制品工业的发展，橡胶制品的种类日益增多，产量日益扩大。当前，橡胶模具的设计与制造正在由传统的经验设计向着理论计算设计的方向发展。随着橡胶生产设备的不断更新与生产工艺的不断改进，橡胶模具越来越多，其制造水平与复杂程度也越来越高，高效率，自动化、精密、长寿命已经成为橡胶模具发展的趋势。

思考与练习

1. 简述常用橡胶的分类及其性能和用途。
2. 橡胶模制品生产分哪几类？各自的生产流程是什么？
3. 简述橡胶模具的分类及生产特点。
4. 简述橡胶模具的设计原则。

第 三 节　玻 璃 模 具

目前，耐热玻璃餐具、微波炉玻璃盘、建筑玻璃砖及玻璃工艺品等高档玻璃制品大量进入了人们的日常生活之中。为了提升玻璃行业的市场竞争力，研究与开发玻璃模具的现代设计方法、加工手段及模具材料等相关技术具有极其重要的意义。

一、玻璃制品概述

1. 玻璃的定义

广义的玻璃（GLASS）是指呈现玻璃转变现象的非晶态固体。狭义的玻璃是指一种在凝固时基本不结晶的无机熔融物，即通常所说的无机玻璃，最常见的为钠钙硅玻璃。

小知识

谁发明了玻璃

公元前3500年前，古埃及人首先发明了玻璃。他们用玻璃制作首饰，并揉捏成特别小的玻璃瓶。到了公元前1000年，古埃及人掌握了玻璃吹制工艺，能吹制出多种形状的玻璃产品。

2. 玻璃原料

用于制备玻璃配合料的各种物料统称为玻璃原料。根据用量和作用的不同，玻璃原料分为主要原料和辅助原料两类。其中，主要原料包括石英砂、硼酸、硼砂及含硼矿物、长石、瓷土、蜡石、纯碱和芒硝等，辅助原料包括澄清剂、着色剂、脱色剂、乳浊剂和助熔剂等。

3. 玻璃的种类

根据化学成分的不同，玻璃可分为钠钙玻璃、铝镁玻璃、钾玻璃、铅玻璃和石英玻璃等。按照使用功能和加工工艺的区别，玻璃可分为普通窗用玻璃（普通平板玻璃）、热反射玻璃、异形玻璃、钢化玻璃和夹层（丝）玻璃等。

4. 玻璃制品的生产工艺

玻璃制品的生产工艺包括原料预加工、配料、熔制、成形和热处理等，如图4-28所示。

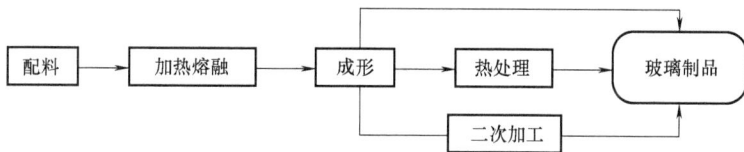

图 4-28　玻璃制品的生产工艺

中国古代的玻璃发展史

中国古代的玻璃制造工艺始于西周时期，历经绵延不绝的两千余年，至清代发展到顶峰。从周代以来的各种文献把玻璃称作"缪琳"、"火齐"、"琉璃"、"颇黎"和"明月珠"。两汉时期，西方国家的玻璃传入中国以后，才有了玻璃之称。

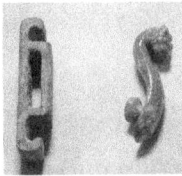

西汉玻璃料器　　　　　清宝蓝饕餮薰炉　　　　　清饕餮环耳六方炉

5. 玻璃制品的成形方法

玻璃的成形是将熔融的玻璃液加工成具有一定形状和尺寸的玻璃制品的工艺过程。常见的玻璃成形方法包括压制成形、吹制成形、拉制成形和压延成形等。

（1）压制成形　在模具中加入玻璃熔料并加压成形的工艺称为压制成形，如图 4-29 所示。压制适用于成形杯、盘和烟缸等能够退出冲头的口大底小的器形制品，如图 4-30 所示。

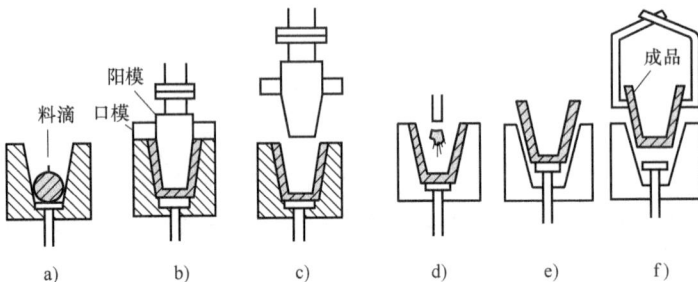

图 4-29　压制成形

a）料滴进模　b）施压　c）阳模、口模抬起　d）冷却　e）顶起　f）取出

图 4-30　压制成形产品

（2）吹制成形　先将玻璃粘料压制成雏形型块，再将压缩气体吹入处于热熔态的玻璃型块的模具中，使之吹胀成为中空制品，如图 4-31 所示。吹制成形可分为机械吹制成形和人工吹制成形，用于制造瓶、罐、器皿和灯泡等，如图 4-32 所示。

（3）拉制成形　利用机械拉引力将玻璃熔体制成制品的工艺称为拉制成形。拉制成形分为垂直拉制和水平拉制，如图 4-33 和图 4-34 所示，主要用于生产平板玻璃、玻璃管和玻璃纤维等产品，如图 4-35 所示。

（4）压延成形　用金属辊将玻璃熔体压成板状制品的工艺称为压延成形，主要用于生产压花的压延工艺如图 4-36 所示，压延产品如图 4-37 所示。

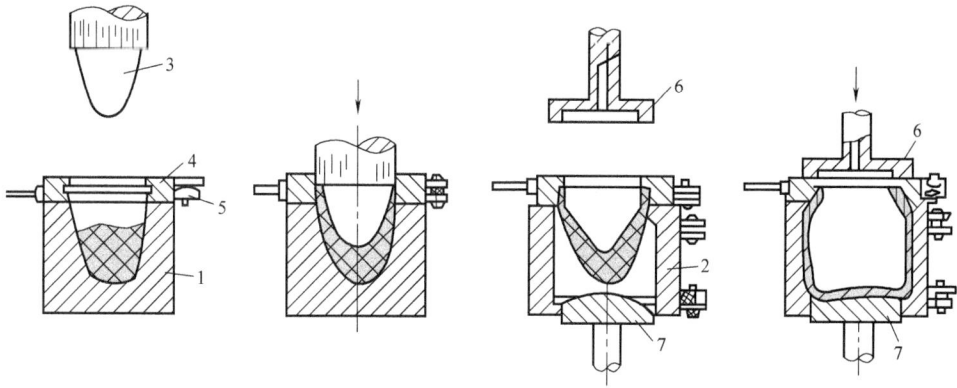

图 4-31　吹制成形

1—初型模　2—成形模　3—冲头　4—口模

5—口模铰链　6—吹气头　7—模底

图 4-32　吹制成形产品

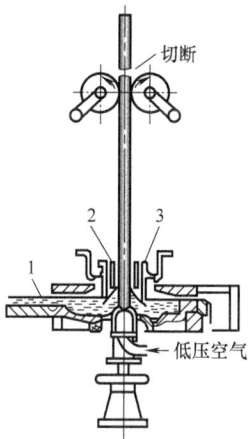

图 4-33　垂直拉制

1—玻璃液　2—冷却器　3—料筒

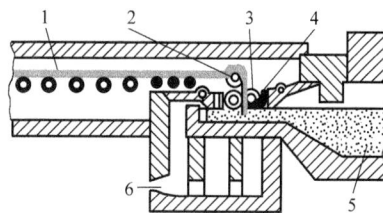

图 4-34　水平拉制

1—玻璃板　2—转动辊　3—成形辊

4—水冷挡板　5—熔融玻璃　6—燃烧器

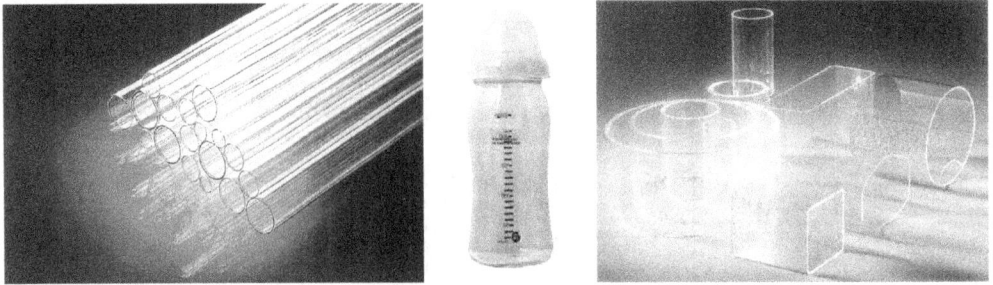

图 4-35　拉制成形产品

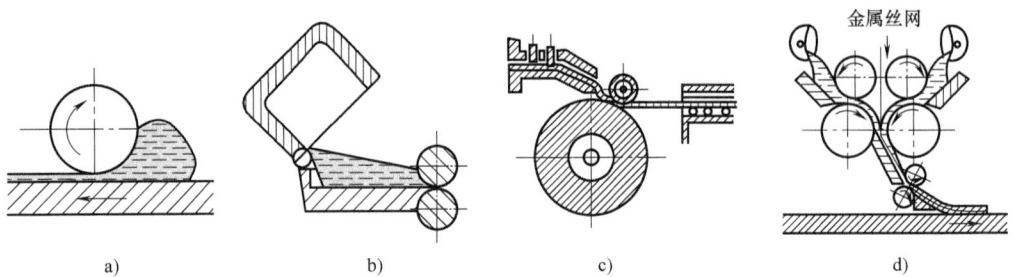

图 4-36　压延成形

a）平面压延　b）辊间压延　c）连续压延　d）夹丝压延

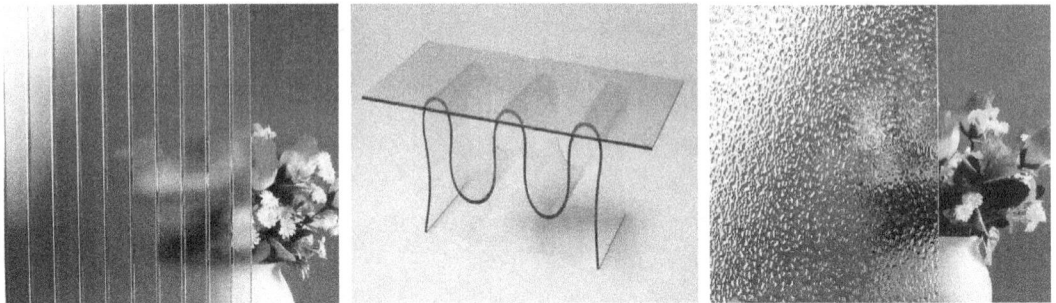

图 4-37　压延成形产品

二、玻璃模具

1. 玻璃模具材料的性能要求与类型

（1）玻璃模具材料的性能要求　　玻璃模具是玻璃制品成形的重要工具，模具质量的好坏将直接影响玻璃制品的外观质量与生产成本。由于玻璃成形模具与高温粘滞玻璃相接触，因此玻璃模具的表面质量与玻璃制品的表面质量直接相关。良好的热导性是模具材料快速去除玻璃液热量的关键因素；高温下良好的耐氧化性和耐冷热疲劳、耐磨性是延长模具使用寿命，提高生产率，降低生产成本的前提。优质的玻璃模具材料应当具备以下条件。

1）玻璃模具的材质应致密，易于切削加工，能够获得优良的表面质量，加工后表面无杂质和针孔。

2）高温化学稳定性好，能够耐硅酸腐蚀，耐氧化，在使用过程中无脱皮、起鳞等缺陷。

3）在玻璃制品的成形过程中，玻璃液的入模温度为 900～1100℃，出模温度为 500～600℃，其热量通常由模具材料导出。由于模具实行了强制冷却，所以外表面温度在 300℃以下。玻璃模具内、外表面温差较大，为防止模具内表面因内应力而产生微裂纹，玻璃模具应具有较高的耐热性和热稳定性。

4）模具材料的热导率越高，导热越快，模具的内、外温差越小；反之，模具材料的热导率低，将可能使模具内表面产生局部过热，使模具产生塑性变形而失效。模具材料的比热容小，则模具产生过热的倾向较大，容易使模具产生塑性变形。

5）材料的热膨胀系数过大，将影响模具开闭的灵活性，甚至导致玻璃制品脱模困难。由于玻璃模具长时间工作在冷热循环中，所以需要模具材料具备较高的抗热裂性。

6）玻璃模具材料应具有较高的粘合温度。粘合温度指模具与玻璃开始粘合而使成形条件显著恶化的温度。较高的粘合温度有助于提高玻璃的浇注温度，降低制品在模具中的冷却时间，提高制造玻璃的速度。

7）成形材料对模具材料的摩擦与磨损是玻璃模具失效的重要原因之一。为保证模具的使用寿命，应选择具备较好耐磨性的材料。

（2）玻璃模具材料的类型　玻璃模具材料以各类铸铁为主，其次为耐热钢。除铸铁外，玻璃模具常用的材料还包括 12Cr13、30Cr13、40Cr13、Y25Cr13Ni2 等耐蚀马氏体不锈钢及 3Cr2W8V、3Cr3Mo3V、3Cr3Mo3Co3V 等热作模具钢。

2. 常见玻璃模具的结构

在玻璃产品的生产中，应用模具的目的在于保证产品的质量，提高生产率和降低成本。为了生产出合格的产品并充分发挥模具的效能，玻璃模具的设计和制造必须具有较高的精度，如图 4-38 所示。

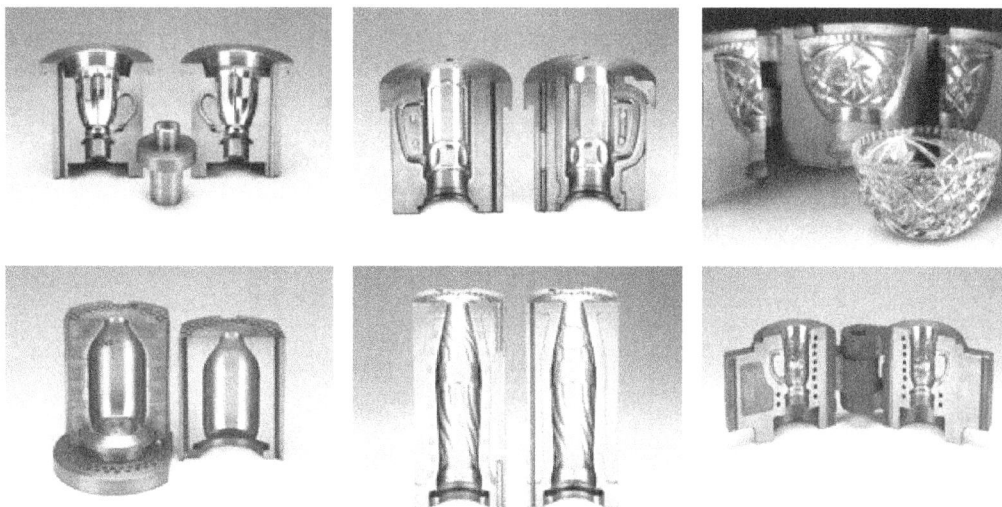

图 4-38　玻璃模具结构图

模具的精度主要由制品精度要求和模具结构决定。为了保证制品的精度和质量，模具工作部分的精度通常要比制品精度高 2~4 级。模具结构对上、下模之间的配合有较高的要求。组成模具的零部件都必须具有足够的制造精度，否则模具将不可能生产出合格的制品，甚至会导致模具无法正常使用。

思考与练习

1. 简述玻璃的定义及主要加工原料。
2. 玻璃的生产工艺是什么？
3. 玻璃模具按成形方法可分为几类？各自的特点及加工范围是什么？
4. 玻璃模具的主要材料是什么？

第四节 陶瓷模具

小知识

陶瓷在中国的发展简史

陶瓷是陶器与瓷器的总称。从目前所知的考古材料看，人类在原始社会便能制陶，中国陶器的产生距今已有 11 700 多年的悠久历史。

瓷器是由陶器发展演化而来的。汉代，在发明了釉料之后，人们将陶器表面饰以釉，这便是瓷器。但汉代的瓷并非真正意义上的瓷，只是涂有釉的陶器。到了唐代，真正经过高温烧制的瓷器才出现。从此，中国的瓷器业开始兴盛发达。

由于中国陶瓷产品的独特魅力，英文中将"中国"和"瓷器"采用同一个词——China。

一、陶瓷产品的成形

1. 陶瓷的概念与分类

传统意义上的陶瓷是指以黏土和其他天然矿物为原料，经过粉碎、成形、焙烧等工艺过程所制得的各种制品，是陶器、炻器和瓷器等黏土制品的统称，即普通陶瓷。近百年来，随着科学技术的发展，许多新品种陶瓷不断问世，如氧化物陶瓷、碳化物陶瓷、氮化物陶瓷、电子陶瓷和金属陶瓷等高温结构陶瓷和功能陶瓷、它们统称为特种陶瓷或精密陶瓷、新型陶瓷。对于这些陶瓷来说，它们的生产过程虽然基本上还是原料处理、成形、煅烧这些传统的陶瓷生产工艺，但采用的原料已扩大到化工原料和人工合成矿物原料，其组成范围也已从传统的硅酸盐领域拓展到无机非金属材料。与此同时，它们对原料处理、成形、烧成等工艺过程比传统陶瓷提出了更高的要求，从而诞生了许多新工艺、新技术。

（1）陶瓷的分类 按照概念和用途的不同，陶瓷可分为传统陶瓷和新型陶瓷两类。其中，传统陶瓷又称为普通陶瓷，新型陶瓷又称为特种陶瓷。

1）普通陶瓷。普通陶瓷是人们日常生活和生产中最常见的陶瓷制品，按照用途的不同又可分为日用陶瓷（包括盆、罐、茶具、餐具和艺术陈设陶瓷等）、建筑卫生陶瓷、化工陶瓷、化学瓷、电瓷孔陶瓷和其他工业用陶瓷等种类。普通陶瓷制品所用的原料基本相同。从组成上看，属于铝硅酸盐和氧化物材料（黏土、石英和长石），其生产工艺技术也相近，均采用典型的传统生产工艺，如图 4-39 所示。

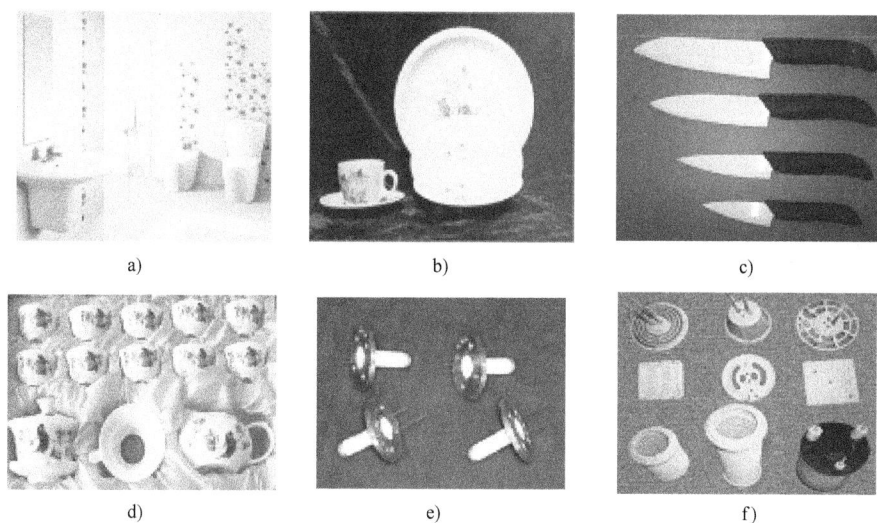

图 4-39 普通陶瓷产品

a）陶瓷卫具 b）陶瓷餐具 c）陶瓷刀具 d）陶瓷茶具 e）陶瓷灯泡 f）电热陶瓷

2）特种陶瓷。特种陶瓷或新型陶瓷亦称精密陶瓷，通常是指具有高附加值的陶瓷，其所用原料的组成和要求及所需的生产工艺技术与普通陶瓷具有很大的差异。

特种陶瓷根据其性能及用途的不同可分为结构陶瓷和功能陶瓷两大类。结构陶瓷主要利用其力学性能和热性能，包括硬度、高强度、高韧性、耐磨性、耐热、耐热冲击、隔热、导热、低热膨胀性能等；功能陶瓷则主要利用其电性能、磁性能、半导体性能、光性能、生物性能、化学性能及核材料应用性能等，如图 4-40 所示。

（2）陶瓷的材料 传统陶瓷的成分为高岭土、长石和钠长石、石英，特种陶瓷的成分为氧化铝（Al_2O_3）、氮化硅（Si_3N_4）、氮化钛（TiN）、氮化硼（BN）和碳化硅（SiC）。

2. 成形方法的分类

在陶瓷制品的生产过程中，成形是制作制品形体的手段。由于用户对陶瓷制品的性能和

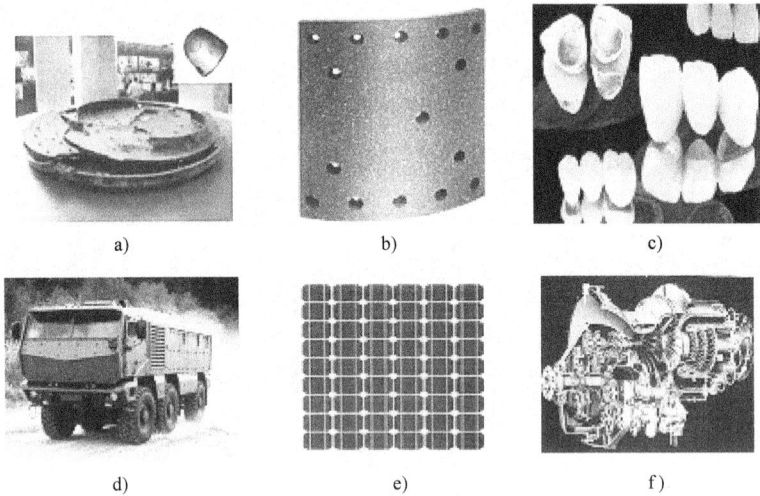

图 4-40 特种陶瓷产品

a）返回舱防热大底　b）航天飞机隔热片　c）陶瓷牙齿
d）军用陶瓷汽车护罩　e）多晶硅片　f）陶瓷发动机

质量要求各不相同，所以其形状、大小和厚薄各异。因此，制作陶瓷制品形体的手段是多种多样的，即成形方法是多种多样的。目前，以根据坯料含水量或含调和剂量进行分类最为常见，其主要分类为包括坯料含水量或含调和剂量小于38%的注浆成形法，坯料含水量或含调和剂量小于26%的可塑成形法和坯料含水量或含调和剂量小于3%的压制成形法。

二、陶瓷成形模具

在陶瓷工业中，成形模具在陶瓷生产中起着越来越重要的作用。模具形式的变化往往可引起陶瓷产品的更新，带来新的市场活力。在陶瓷生产中，模具成本一般占总成本的8% ~ 15%，所以，模具使用寿命的延长和制造成本的降低对于陶瓷制品的生产尤为重要。

陶瓷成形模具的形式多样。按照模具材料的不同，可分为石膏模具、无机材料多孔模、金属模和有机弹性模等；按照用途的不同，可分为注浆模具、旋压和滚压模具、挤出模具、塑压模具、干压模具和等静压模具等。在以上所有模具中，以石膏模具应用最为广泛。

1. 可塑成形

目前，陶瓷制品多采用可塑法成形。可塑法的优点是成形所用坯料的制备较为简便，加工泥料所用外力不大，对模具强度的要求不高，操作比较容易掌握；缺点是所用泥料含水量高，干燥热耗大（需要蒸发大量水分），易出现变形、开裂等缺陷，而且对泥料的要求也比较苛刻。

（1）旋压成形　旋压成形是利用作旋转运动的石膏模与只能上下运动的样板刀来实现的，是陶瓷的常用成形方法之一，适用于加工盘、碗、杯和碟等圆形制品。具体操作时，先将经过真空练泥的塑性泥料适量放在石膏模中，再将石膏模放置在位于辘轳车上的模座中，石膏模随着辘轳车上的模座转动；然后样板刀徐徐压下接触泥料。在石膏模的旋转和样板刀的压力作用下，泥料均匀地分布在模型内表面。余泥则贴着样板刀向上爬，直到操作者用手将其清除掉。模型内壁和样板刀之间所构成的空隙被泥料逐渐填满而旋制成坯体，如图4-41所示。旋压成形的优点是设备简单，适应性强，可以旋制深凹制品；缺点是旋压质量较差，手工操作劳动强度大。

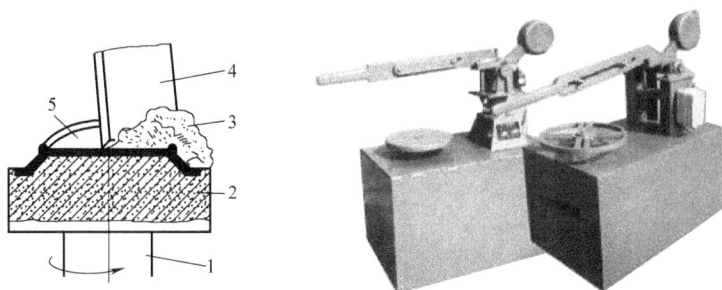

图 4-41　旋压成形的原理与设备

1—旋坯机　2—石膏模　3—泥料　4—样板刀　5—容器坯件

（2）滚压成形

1）滚压成形是由旋压成形法演变过来的，其不同点是把扁平的样板刀改为回转形的滚压头。成形时，盛放泥料的模型和滚头分别绕自己的轴线以一定的速度同方向旋转。滚头一面旋转一面逐渐靠近盛放泥料的模型，并对坯泥进行"滚"和"压"。滚压成形后的坯体强度大，不易变形，表面质量好，规整度一致，克服了旋压成形的基本弱点，成形质量明显提高。

2）滚压成形包括阳模滚压和阴模滚压。阳模滚压利用滚头来决定坯体外表面形状的大小，适用于成形扁平、宽口器皿和坯体内表面带有花纹的产品，如图4-42所示。阴模滚压采用滚头成形坯体的内表面，适用于成形盘、碗、杯、碟及口径较小而深凹的圆形制品，如图4-43所示。

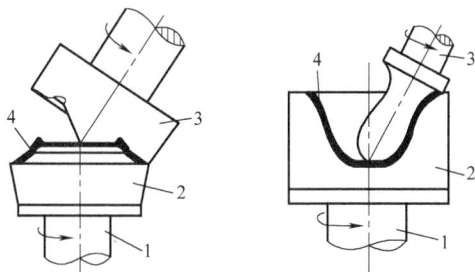

图 4-42　阳模滚压

1—主轴　2—石膏模　3—滚压头　4—坯件

图 4-43　阴模滚压

2. 注浆成形

（1）注浆成形的特点与操作方法　将制备好的坯料泥浆注入多孔性模型内，在贴近模壁的一侧，泥浆被模子吸水而形成均匀的泥层。泥层随时间的延长而逐渐加厚，当达到所需厚度时，将多余的泥浆倾出，该泥层继续脱水收缩而与模型脱离并取出，成为毛坯。

注浆成形可用于成形花瓶、汤碗、茶壶等复杂、不规则、壁薄、体积较大、尺寸要求不高的器物，缺点是注浆成形后，坯体含水量大且不均，干燥收缩和烧成收缩较大，工艺周期长，手工操作复杂，占地面积大，石膏模用量大。

（2）注浆成形的基本方法

1）空心注浆法。空心注浆法也称为单面注浆，是将泥浆注入模型，待泥浆在模型中停留一段时间而形成所需注件后，倒出多余的泥浆，随后带模干燥，待注件干燥收缩脱模后取出注件的工艺方法。空心注浆法适用于成形小而薄的零件，如图4-44所示。

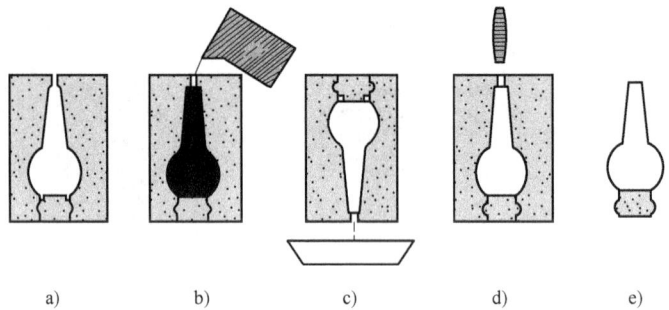

图4-44 空心注浆法（单面注浆）

a）石膏模 b）注浆 c）出浆 d）修坯 e）注件

2）实心注浆法。实心注浆法又称双面注浆，是将泥浆注入两石膏模面或模型与模芯之间的空穴中，泥浆被模型与模芯的工作面两面吸水，由于泥浆中的水分不断被吸收而形成坯泥，注入的泥浆量就会不断减少。因此，注浆时必须陆续补充泥浆，直到空穴中的泥浆全部变成坯泥时为止，如图4-45所示。双面注浆成形制品的壁可以厚些，可以制造两面带有花纹及尺寸大而外形比较复杂的制品。

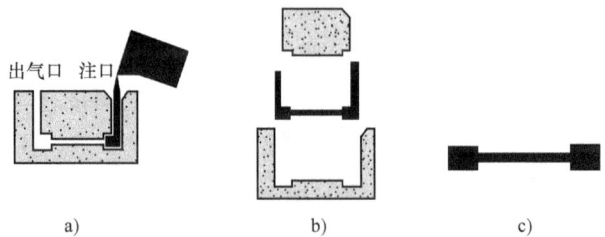

图4-45 实心注浆法（双面注浆）

a）注浆 b）吸水脱模 c）注件

3. 压制成形

压制成形可分为干压成形和等静压成形。粉料含水量为3%～7%时为干压成形。在等静压成形法中，粉料的含水量可在3%以下。压制成形的优点是生产过程简单，型坯收缩小、致密度高，产品尺寸精确，对坯料的可塑性要求不高，多用于成形扁平状制品；缺点是难以成形形状复杂的制品。随着等静压工艺的发展，许多复杂形状的制品也能够采用压制成形了。

（1）干压成形 将加入少量结合剂而造粒后的粉料填充到金属模具中，施加压力，使之成为具有一定形状和强度的坯体。干压成形的优点是生产过程简单，制品致密度高，尺寸精确，表面质量高，设备机械化、自动化程度高，可以实现连续化生产；缺点是难于成形形状复杂的制品，模具磨损大，压力分布不均，制品致密度不均。

机械干压成形如图4-46所示，手动干压成形如图4-47所示。

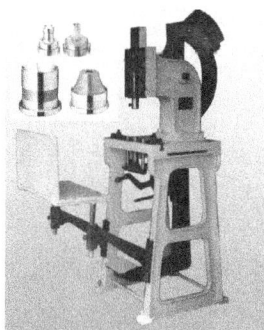

图 4-46 机械干压成形

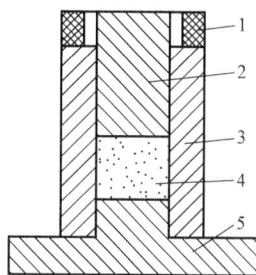

图 4-47 手动干压成形

1—限制器 2—上冲头 3—模体 4—坯体 5—底垫

（2）等静压成形 等静压成形可分为干袋等静压法和湿袋等静压法两类，它是干压成形技术的一种新发展。成形时，装在封闭模具中的粉体在各个方向同时均匀受压，成形效果优于干压成形。等静压成形适于制作盘、碟、碗类产品，其工艺过程及模具基本结构如图4-48和图 4-49 所示。

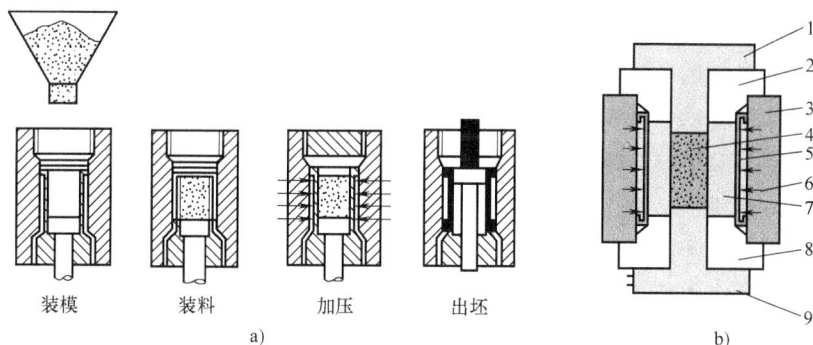

装模　装料　加压　出坯

a)　　　　　　　　b)

图 4-48 干袋等静压法的工艺过程及模具结构

a）工艺过程 b）模具结构

1—上活塞 2—顶盖 3—高压圆桶 4—粉料 5—加压橡胶
6—压力传递介质 7—成形橡胶 8—底盖 9—下活塞

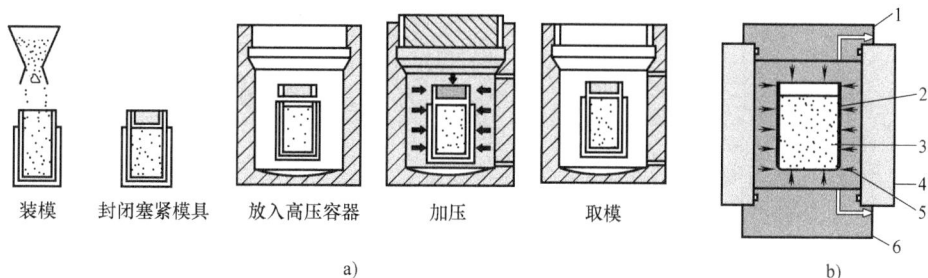

装模　封闭塞紧模具　放入高压容器　加压　取模

a)　　　　　　　　b)

图 4-49 湿袋等静压法的工艺过程及模具结构

a）工艺过程 b）模具结构

1—顶盖 2—橡胶模 3—粉体 4—高压圆桶 5—压力传递介质 6—底盖

（3）模具设计应遵循的原则　陶瓷压制产品的质量与模具质量关系密切。在设计时，模具应结构简单，拆装方便，便于粉料填充和移动，脱模顺利。在模具加工中，应注意尺寸的精确度，配合要精密，工作面要光滑。

小知识

陶瓷趣谈——瓷器中的"件"

一些顾客在购买瓷器时，营业员会问："你要买多少件的？"客答："只买一件"。显然，前者所问，后者不懂；后者所答，却非前者所问。

瓷器中的"件"，并不是数量单位，而是指器物的大小规格。瓶类瓷器的"件"，一般根据高度称为单件、双件、十件、百件、千件、万件；缸类瓷器的"件"指口径的大小，从30件起直至千件；壶类瓷器的"件"是指容量，从5件到百件不等。对于成套文具、茶具和餐具等，它们的单个数量又称为"头"，如一套茶具中有4个茶杯、一个茶盘和一把茶壶，这套茶具就称为6头茶具。

思考与练习

1. 什么是可塑成形？常用的可塑成形方法有哪些？
2. 什么是滚压成形？滚压成形的特点是什么？滚压成形适合成形哪些产品？
3. 什么是阴模滚压、阳模滚压？它们分别适合成形什么产品？
4. 什么是可塑成形？常用的可塑成形方法有哪些？
5. 注浆成形有哪些特点？适合成形哪些产品？基本的注浆方法有哪些？
6. 什么是等静压成形？适合成形什么产品？

第五章

模具制造技术

第一节 模具加工设备

一、通用机械加工设备

1. 车床及其应用

车削加工是在车床上利用工件的旋转运动和刀具的直线或曲线移动来改变毛坯的形状和尺寸，将其加工成所需零件的加工方法。在机械加工中，车削加工是最基本、最常用的加工方法。

（1）车削加工的基本内容及精度　车床可用于车削圆柱面、圆锥面、回转曲面和环槽等各种回转面及端面、螺纹面等成形面，还可以进行钻孔、扩孔、铰孔及滚花加工，如图5-1所示。

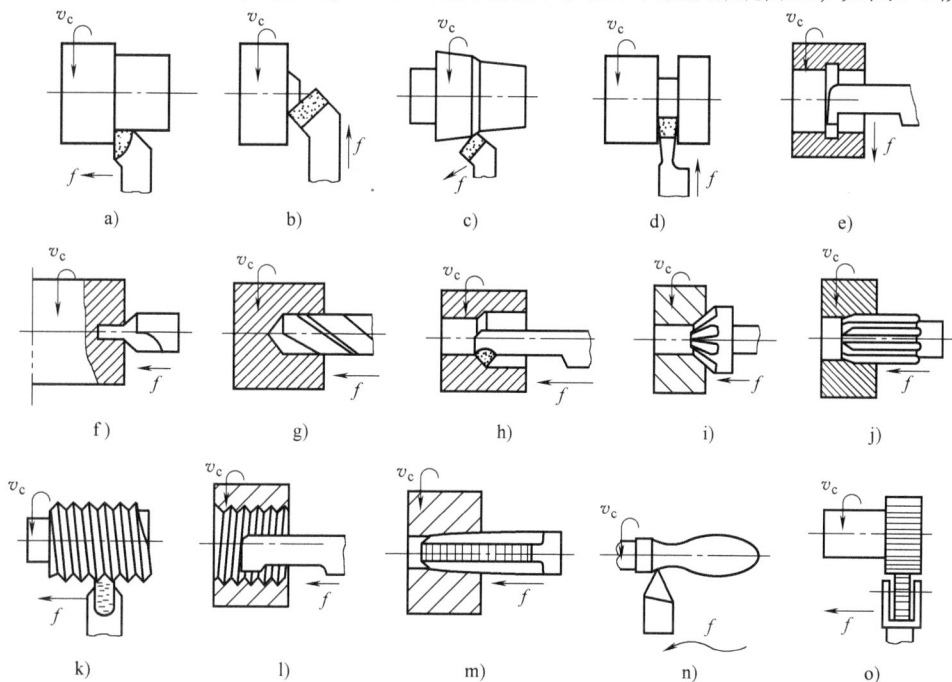

图 5-1　车削加工的基本内容

a) 车外圆　b) 车端面　c) 车锥面　d) 车槽、车断　e) 车内槽　f) 钻中心孔　g) 钻孔　h) 镗孔
i) 锪孔　j) 铰孔　k) 车外螺纹　l) 车内螺纹　m) 攻螺纹　n) 车成形面　o) 滚花

在车削加工过程中，工件的旋转运动为主运动，刀具的移动为进给运动，如图 5-2 所示。车削加工通常要经过粗车、半精车和精车等工序。精车的尺寸精度一般为 IT6 ~ IT8，表面粗糙度值为 $Ra0.8 ~ Ra1.6\mu m$。

在模具零件中，需要进行车削加工的包括导柱、导套、浇口套、螺纹型芯、圆镶件及具有回转曲面的型腔和型芯等。

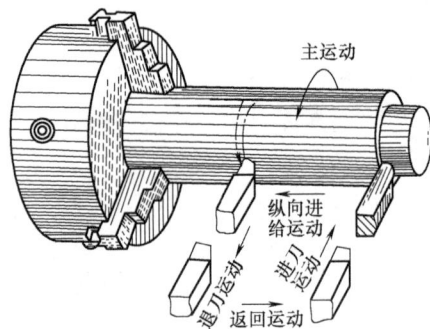

图 5-2 车削运动

📖 小知识

车床的发展历程

古代的车床是靠手拉或脚踏绳索使工件旋转，利用手持刀具进行切削的。

1797 年，英国机械发明家莫兹利研制出了用丝杠传动刀架的现代车床，并于 1800 年采用交换齿轮改变车床的进给速度和被加工螺纹的螺距。1817 年，英国人罗伯茨采用四级带轮和背轮机构改变车床的主轴转速并获得成功。

1845 年，美国人菲奇发明了转塔车床。1848 年，美国又出现了回轮车床。1873 年，美国人斯潘塞制成了单轴自动车床，不久又制成了三轴自动车床。

20 世纪初期，由单电动机驱动的带有齿轮变速箱的车床出现。20 世纪 40 年代末期，带液压仿形装置的车床和多刀车床陆续推广。50 年代中期，带穿孔卡、插销板和拨码盘的程序控制车床得到了发展。数控技术于 60 年代开始应用于车床，并于 70 年代后期开始高速发展。

（2）车床的分类及应用

1）普通车床。普通车床又称为卧式车床，是车床中最常用的一种，也是模具制造企业中常备的机床之一，如图 5-3 所示。

普通车床的主轴处于水平位置，工件利用卡盘或花盘安装在主轴上，或在床头和尾座顶尖间安装，其加工部位永远处于易观察、易操作的高度。

图 5-3 普通车床

普通车床按照规格和用途又可分为台式车床、仪表车床、马鞍车床、大孔车床、卡盘车床、重型车床和落地车床等许多品类，但其结构和特点并无本质区别。

2）立式车床。立式车床的主运动是圆工作台在床身上绕垂直轴旋转，因其承载量大、占地面积小，适于加工大型盘类工件，但不适于加工长径比较大的长轴型工件。

3）精密和高精度车床。精密和高精度车床不仅精度较高，而且改变了车削的基本特性，在一定条件下使车削进入精密加工、光整加工的领域。小余量、轻切削、高速度使它的加工精度达到微米级，表面粗糙度值可达到 $Ra0.4\mu m$，可以代替磨削加工。

4）仿形车床。采用仿形方法加工复杂的表面。

5）多用车床。此类车床另装有一个钻、铣主轴，是一种多功能机床。

2. 铣床及其应用

铣削加工是利用刀具的旋转运动和工件的直线或旋转运动，使刀具切削工件，从而得到图样所要求的形状表面、尺寸精度及表面粗糙度的加工方法。在通常情况下，铣刀的快速旋转运动为主运动，工件和铣刀的缓慢移动为进给运动。

铣床是用铣刀在工件上进行铣削加工的机床。在铣床上，可以加工平面、斜面、各种槽、内外圆角、各种成形面及刀具、齿轮，还可以完成工件的切断加工。

小知识

铣床发展简史

1818 年，美国人 E. 惠特尼创制了最早的铣床。为了铣削麻花钻头的螺旋槽，美国人 J. R. 布朗于 1862 年创制了第一台万能铣床。1884 年前后，龙门铣床出现。到了 20 世纪 20 年代，半自动铣床出现。

1950 年以后，数字控制的应用大大提高了铣床的自动化程度。20 世纪 70 年代之后，微处理机的数字控制系统和自动换刀系统在铣床上得到应用，扩大了铣床的加工范围，提高了铣床的加工精度和效率。

（1）铣削加工的基本内容及精度　铣削加工的尺寸精度一般为 IT7～IT10，表面粗糙度值为 $Ra0.8～Ra6.3\mu m$，基本内容如图 5-4 所示。

在模具零件中，需要进行铣削加工的包括定模板、动模板、型腔镶件及安装槽、型芯及安装槽、滑块及滑块导滑槽、锁紧块以及其他各种成形镶件等。

（2）铣床的分类及应用　铣床的种类很多，较为常见的有卧式铣床和立式铣床。

1）卧式铣床。卧式铣床的主轴水平放置，与机床工作台平行，如图 5-5 所示。在加工过程中，机床工作台可以上下垂直运动、左右纵向进给及前后横向进给，常用于加工平面或成形面。为了适应铣螺旋槽等工作，有的卧式铣床工作台可以在水平面内旋转一定角度，具有这种工作台的铣床称为万能卧式铣床。

卧式铣床包括卧式升降台铣床、万能升降台铣床、万能回转头铣床、万能摇臂铣床、卧式滑枕升降台铣床和卧式万能滑枕升降台铣床等种类。

2）立式铣床。立式铣床的主轴与机床工作台垂直，机床工作台可进行上下垂直运动，机床可进行纵向进给及横向进给，如图 5-6 所示。立式铣床刚度较好，可以利用立铣刀、面铣刀、T 形槽铣刀、燕尾槽铣刀等刀具加工平面、凹面、T 形槽及燕尾槽。

立式铣床包括立式升降台铣床、摇臂铣床、滑枕铣床、万能滑枕铣床、床身式铣床、万能床身式铣床和万能工具铣床等种类。

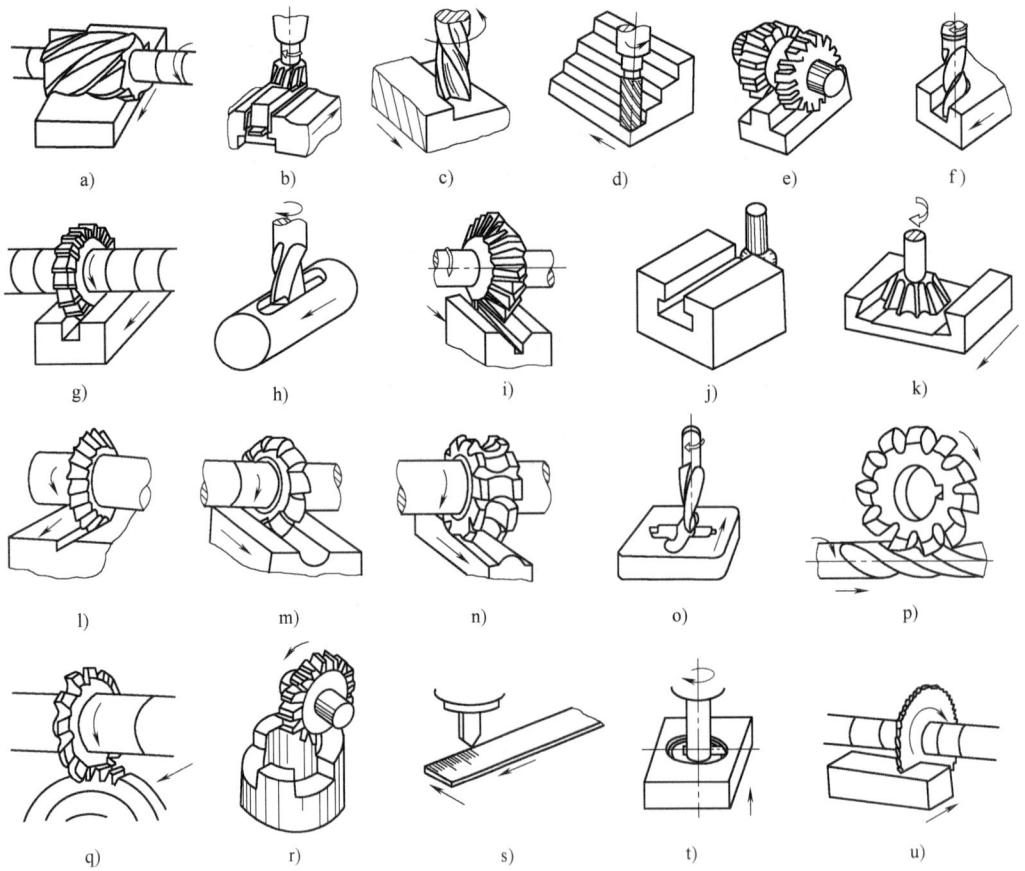

图 5-4　铣削加工的基本内容

a）圆柱铣刀铣平面　b）面铣刀铣平面　c）立铣刀铣平面　d）立铣刀铣台阶面　e）组合铣刀铣台阶面　f）立铣刀铣开口槽　g）三面刃铣刀铣通槽　h）键槽铣刀铣键槽　i）角度铣刀铣 V 形槽　j）T 形槽铣刀铣 T 形槽　k）燕尾槽铣刀铣燕尾槽　l）角度铣刀铣斜角槽　m）凸圆弧铣刀铣凹圆弧　n）凹圆弧铣刀铣凸圆弧　o）圆弧铣刀铣成形面　p）铣刀具　q）铣齿轮　r）铣离合器　s）刻线　t）镗孔　u）切断

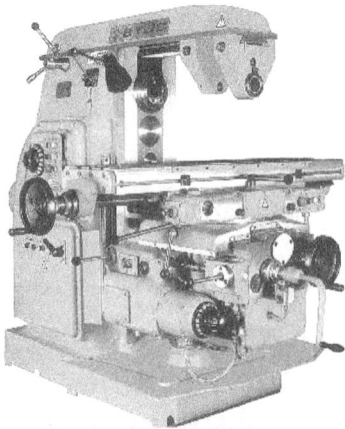

图 5-5　卧式铣床

图 5-6　立式铣床

3. 钻床及其应用

钻床是采用钻削方法进行加工的机床，其工作内容是在实体材料上钻孔，也可对已加工的孔进行扩孔、锪孔、铰孔和攻螺纹等加工。

（1）钻削加工的基本内容及精度 钻孔时，零件的尺寸精度为IT10~IT13，表面粗糙度值为$Ra3.2~Ra12.5\mu m$。铰孔时，零件的尺寸精度为IT6~IT7，表面粗糙度值为$Ra0.8~Ra1.6\mu m$。

在模具零件中，钻床用于导柱孔、导套孔、销孔、推杆孔、浇口套孔及点浇口、锥流道孔的粗、精加工，线切割穿丝孔、铣刀下刀孔的预加工，也用于加工螺钉过孔、推杆过孔及水道孔等。

小知识

钻床的起源

考古学家发现，早在公元前4000年，人类就已经发明了钻孔用的装置。古人在两根立柱上架个横梁，再从横梁上向下悬挂一个能够旋转的锥子，然后用弓弦缠绕带动锥子旋转，这样就能在木头和石块上钻孔了。不久之后，人们设计出了称为"辘轳"的打孔用具，它也是利用有弹性的弓弦带动锥子旋转的。

1850年前后，德国人马蒂格诺尼最早制成了用于金属打孔的麻花钻。1862年，英国人惠特沃斯在英国伦敦召开的国际博览会上展出了由动力驱动的铸铁柜架的钻床，这是近代钻床的雏形。

（2）钻床的分类及应用 钻床的类型较多，较为常见的有台式钻床、立式钻床和摇臂钻床等。

1）台式钻床。台式钻床简称台钻，具有规格小、结构简单、价格低廉等特点。由于外形尺寸较小，台钻可以放在钳工工作台上使用，如图5-7所示。

台钻的主轴一般有五挡转速，可通过安装在电动机轴和钻床主轴上的一组带轮进行转速的变换。台钻的钻孔直径一般在12mm以下，适宜加工单件、小批量的中、小型零件。台钻的主轴变速和进给量调整范围较大，可进行钻孔、扩孔、锪孔、铰孔和攻螺纹等加工。

2）立式钻床。立式钻床简称立钻，是钻孔机床的基本形式，如图5-8所示。立钻的规格用最大钻孔直径表示，较为常用的包括$\phi25mm$、$\phi30mm$、$\phi35mm$、$\phi40mm$和$\phi50mm$等规格。

图5-7 台式钻床

立钻的主运动为主轴的旋转运动，进给运动为主轴的垂直运动，转速及进给量都可以调整，一般标定进给量为每转的进给量。正规的立式钻床备有自动定深装置。

立钻没有X轴方向和Y轴方向的运动，被加工孔的轴线位置一般靠划线和工件在台面上移动来确定。对于孔中心线有位置精度要求的孔系加工，需要靠钻模等夹具或分度转台、坐标工作台来保证精度。立式钻床结构简单，刚性较好，占地面积小，但受工作台面积和主轴中心到立柱表面距离的限制，不能加工较大的零件。在模具制造中，立式钻床多用于中、小型模具中水道孔，顶杆孔及紧固孔等各种位置精度要求不高的孔的加工。

3）摇臂钻床。摇臂钻床是钻床中的重要品类，适合加工大、中型零件。摇臂钻床如图5-9所示，它具有能够绕立柱旋转的摇臂，主轴箱可在摇臂上作横向移动，也可随摇臂沿立柱作上、下运动，操作灵活、方便。摇臂钻床可加工孔的分布面大，对于多孔加工较为有利。由于工件位置固定，所以工件的重量不受限制。在摇臂钻床上进行孔加工时，由于孔的位置要靠夹具或划线确定，所以在加工精度要求较高的孔时，必须配置相应的工具。摇臂钻床是模具制造的常备设备，在大型模具的钻孔工作中尤不可少。

图 5-8 立式钻床

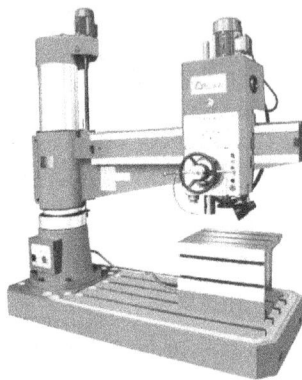

图 5-9 摇臂钻床

4. 磨床及其应用

磨床是以磨料磨具为工具对工件表面进行磨削加工的机床，尤其适用于加工淬火钢、硬质合金等其他刀具难以加工的高硬度材料，或对工具进行刃磨。

（1）磨削加工的基本内容及精度 磨床的加工精度为 IT4 ~ IT6，表面粗糙度值为 $Ra0.02 ~ Ra1.25\mu m$。磨床可用于平面、内圆面、外圆面及各种成形面的精加工。在模具零件中，需要进行磨削加工的主要有模具零件与零件之间的接触表面及部分成形面等。

📖 小知识

磨床的发展历程

18世纪30年代，为了适应钟表、自行车、缝纫机和枪械等零件淬硬后的加工，英国、德国和美国分别研制出了使用天然磨料砂轮的磨床，这些磨床都是在车床、刨床等机床上加装磨头改制的。

1876年，美国布朗－夏普公司在巴黎博览会展出了具有现代磨床基本特征的万能外圆磨床。1883年，该公司又制成了磨头装在立柱上、工作台作往复移动的平面磨床。

20世纪初，用于加工气缸体的行星内圆磨床、曲轴磨床、凸轮轴磨床和带电磁吸盘的活塞环磨床陆续问世。

1920 年前后,无心磨床、双端面磨床、轧辊磨床、导轨磨床、珩磨机和超精加工机床陆续投入使用。

20 世纪 50 年代,出现了可作镜面磨削的高精度外圆磨床。20 世纪 60 年代末期,出现了砂轮线速度达 60~80m/s 的高速磨床和大切深、缓进给磨削平面磨床。20 世纪 70 年代,采用微处理机的数字控制和适应控制等技术在磨床上得到了广泛的应用。

(2)磨床的分类及应用 磨床品种很多,常见的普通磨床有外圆磨床、内圆磨床、平面磨床、工具磨床、多用磨床和专用磨床等。

1)外圆磨床。如图 5-10 所示,外圆磨床是用于磨削圆柱形和圆锥形外表面的磨床,是最普通的品类。

2)内圆磨床。用于磨削内圆柱面及锥度不大的内圆锥面及台肩孔的磨床。

3)平面磨床。平面磨床如图 5-11 所示,主要用于磨削各种零件的平面,其中手摇磨床适用于较小尺寸及较高精度工件的加工,如弧面、平面和槽等各种异形工件。大水磨适用于模具模板等较大工件的加工,但加工精度不是很高。

4)工具磨床。用于磨削工具及模具中的小型零件,是模具制造中应用较多的品类,如图 5-12 所示。

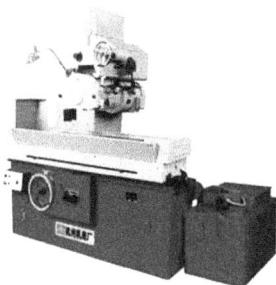

图 5-10 外圆磨床　　　　　图 5-11 平面磨床　　　　　图 5-12 工具磨床

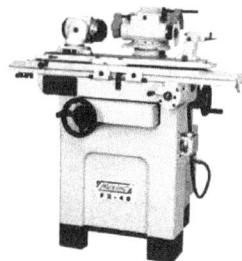

除普通磨床外,还有用于复杂模具零件成形表面精加工的成形磨床及光学曲线磨床等,如图 5-13 和图 5-14 所示。

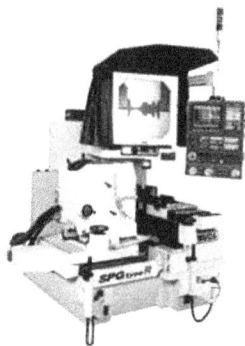

图 5-13 成形磨床　　　　　　　　图 5-14 光学曲线磨床

二、电火花加工设备

电火花加工是直接利用工具电极对金属材料进行成形加工的一种工艺方法。它不但能够加工尺寸细小、精度要求高的冲模零件，还能够加工塑料模具中形状复杂的型腔类零件。电火花加工的制造精度高、质量好，不受热处理变形的影响，广泛应用于模具制造业。

1. 电火花成形机及其应用

（1）电火花成形的基本原理及应用　电火花成形加工是基于在介质中的电极与工件间因脉冲式火花放电而产生电蚀现象来蚀除加工件上多余的金属材料，使其达到预定形状、尺寸及表面质量要求的加工方法。

小知识

电火花加工技术的起源

前苏联学者拉扎连科夫妇在研究开关触点受火花放电腐蚀损坏的现象和原因时，发现电火花的瞬时高温可以使金属局部熔化、氧化而被腐蚀掉，从而开创和发明了电火花加工技术。线切割机床属于电加工范畴，1960年发明于苏联，我国是第一个将其运用于工业生产的国家。

电火花成形适用于加工导电材质的工件。在工作之前，应先用石墨或纯铜等导电材料制作出与所加工部位形状相反的电极。在加工过程中，电极与工件不接触，无切削力作用，所以对电极的刚性要求不高。通过对电源和加工参数的调节，同一台机床可实现对工件的粗、中、精连续加工，表面粗糙度值可达到 $Ra0.8 \sim Ra2.5\mu m$。

电火花成形多用于加工普通金属切削机床难以加工或无法加工的工件，如具有硬、脆、软、粘及高熔点等特性的金属材料和硬质合金等。在模具制造业中，电火花成形广泛应用于小孔、深孔、窄槽、细肋、精细表面以及各种复杂型孔或型腔的加工。

（2）电火花成形机床的分类与型号规格　根据用途的不同，电火花成形机床可分为电火花穿孔机和电火花成形机。

电火花穿孔机（见图5-15）的型号为D70系列，其主参数用最大穿孔直径表示。例如，

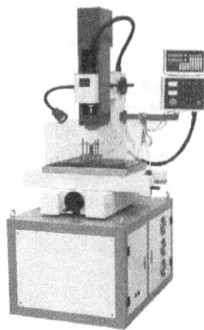

图 5-15　电火花穿孔机

图 5-16　电火花成形机

D703 表示穿孔最大直径为 3mm 的电火花穿孔机。电火花成形机（见图 5-16）的型号为 D71 系列，其主参数用工作台面宽度的 1/10 表示。例如，D7125 表示工作台面宽度为 250mm 的电火花成形机。此外，还有为适应某一类或某一种加工对象而设计的专用电火花成形机。

在电火花成形机床中，若按机床工作台面宽度进行分类，则 D7125 以下的机床称为小型机床，D7125～D7163 的机床称为中型机床，而 D7163 以上机床的称为大型机床。按照数控程度分类，可将电火花成形机床分为非数控型、单轴数控型或三轴数控型。按照精度等级分类，可将电火花成形机床分为标准精度型和高精度型。按照工具电极伺服进给系统的类型分类，可将电火花成形机床分为液压进给型、步进电动机进给型、直流或交流伺服电动机进给驱动型等类型。随着工业发展的需要，电火花成形机床已出现带有三坐标数字控制的电火花加工机床，以及带有工具电极库，能够按照程序自动更换电极的电火花加工中心等。

2. 电火花线切割成形机床及其应用

电火花线切割属于电火花加工的范畴，是电火花加工的重要组成部分。电火花线切割的加工原理、特点与电火花加工有类似之处，但又有特殊的一面。

（1）电火花线切割加工的基本工作原理及应用　电火花线切割加工是利用线电极与被加工工件之间火花放电的原理来蚀除工件金属材料，实现切割的。目前，国内使用的线切割设备 95% 以上是数控的。在加工过程中，若电极丝相对于工件进行有规律的倾斜运动，还可以切割出带有锥度的工件和上、下异形的变锥度工件。

电火花线切割机床可以胜任普通机械加工无法解决的特殊材料和复杂零件的加工。目前，数控电火花线切割机床在模具制造中的用途包括以下几方面。

1）冲模的凸模、凹模、固定板、卸料板、顶出器加工，粉末冶金模、拉丝模、塑料和铝合金挤压模型孔加工，印制电路板冲模、IC 引线框冲模等精密、细小和孔型排列密集的模具加工。

2）冲模、塑料模的镶拼型腔及镶件、塑料模分型面的加工。

3）一般贯通加工电极、型腔加工电极、微细复杂形状加工电极的制造。

4）成形车刀、样板等的成形加工。

（2）电火花线切割机床的分类与型号规格　电火花线切割机床按照电极丝的运动方式可分为单向走丝的慢速走丝精密数控线切割机床和往复走丝的快速走丝数控线切割机床两大类。

1）慢速走丝精密数控线切割机床。如图 5-17 所示，慢速走丝电火花线切割机床电极丝的运动速度低于 0.2m/s，具有加工精度高、性能强、自动化程度高等特点，加工表面质量接近于磨削水平。

目前，由瑞士、日本等国家制造的顶级慢速走丝电火花线切割机床的加工精度可以达到 ±0.002mm 以内，表面粗糙度值小于 $Ra0.2\mu m$，这个档次的中型机床每台售价一般在 200 万元以上。高档慢速走丝电火花线切割机床的加工精度为 ±0.003mm 左右，最高加工效率为 $500mm^2/min$，这个档次的中型机床每台售价在 100 万元以上。中档的慢速走丝电火花线切割机床的价格一般为 50～80 万元，加工精度可达 ±0.005mm，最佳表面粗糙度值小于 $Ra0.5\mu m$，最高加工效率为 $120～150mm^2/min$。

由中国台湾、苏州、汉川等厂家生产的国产慢速走丝电火花线切割机床的售价一般为50万~60万元，实用加工效率为100~150mm²/min，表面粗糙度值为$Ra0.5 \sim Ra0.8\mu m$，加工精度为±0.005mm左右。

2）快速走丝数控线切割机床。快速走丝电火花线切割机床的走丝运动速度为6~12m/s，是我国独创的机种，如图5-18所示。一般来说，快速走丝电火花线切割机床的结构比较简单，具有加工速度高、机床成本低等特点，售价为几万元，切割速度一般为40~80mm²/min，表面粗糙度值为$Ra1.6 \sim Ra3.2\mu m$，加工精度为±0.01~±0.02mm，最大切割锥度一般为30°。

图5-17　慢速走丝电火花线切割机床

图5-18　快速走丝电火花线切割机床

根据 GB/T 15375—2008《金属切削机床　型号编制方法》规定，电火花线切割机床的型号为 D77 系列。在数控电火花线切割机床型号 DK7725 中，D 是机床类别代号，表示电加工机床；K 是机床特性代号，表示数控；第一个"7"是组别代号，表示电火花加工机床；第二个"7"是型别代号，表示线切割机床；"25"是基本参数代号，表示工作台面宽度为250mm。

三、数控加工设备

1. 数控车床

数控车床是数字程序控制车床的简称，它集通用性好的万能型车床、加工精度高的精密型车床和加工效率高的专用型车床的特点于一身，是国内使用量最大、覆盖面最广的一种数控机床。

（1）数控车床的加工特点及应用　与普通车床相比，数控车床（见图5-19）具有自动化程度高，操作方便，具有程序存储功能，节约调整时间，加工范围广等特点。

数控车床的加工对象包括轮廓形状特别复杂或难于控制尺寸的回转体零件、尺寸精度高达0.001mm或更小的高精度回转体零件、形状

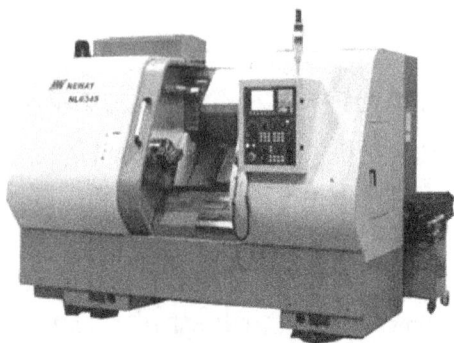

图5-19　数控车床

特殊的螺旋零件及淬硬的工件等。在模具零件中，数控车床适用于加工形状复杂的回转型腔、型芯及多腔模具的型腔、型芯。

（2）数控车床的分类　数控车床根据机型和数控系统的配置及加工范围、加工能力的不同而有所差别。根据数控系统功能的不同，数控车床可分为经济型和全功能型两类；按主轴的配置形式分，可分为主轴线处于水平位置的卧式数控车床和主轴线处于垂直位置的立式数控车床及具有两根主轴的数控车床等种类；按照数控系统控制的轴数，可分为当机床上只有一个回转刀架时，可实现两坐标轴控制的数控车床和具有两个回转刀架，可实现四坐标轴控制的数控车床。对于车削中心或柔性制造单元，还增加了其他附加坐标轴，以满足机床的性能要求。目前，我国使用较多的是中、小规格的两坐标连续控制数控车床。

2. 数控铣床与数控加工中心

数控铣床在普通铣床上集成了数字控制系统，如图 5-20 所示，是可以在数控程序的控制下精确地进行铣削加工的机床。普通数控铣床可以铣削工件的水平面、正平面及侧平面等需要使用两轴半控制的部位。加工曲面时，需采用三轴或多轴联动的数控铣床。

数控加工中心是从数控铣床发展而来的，两者最大的区别在于加工中心具有自动交换刀具的功能。通过在刀库安装

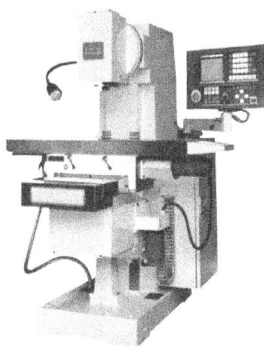

图 5-20　数控铣床

不同用途的刀具，可在一次装夹中通过自动换刀装置改变主轴上的加工刀具，实现钻、镗、铰、攻螺纹和切槽等多种加工功能。

（1）数控加工中心及其应用　数控加工中心简称 CNC，是由机械设备与数控系统组成的用于加工复杂形状工件的高效率自动化机床。加工中心备有刀库，具有自动换刀功能，是对工件一次装夹后进行多工序加工的数控机床。

加工中心是高度机电一体化的产品。工件装夹后，数控系统能够控制机床按照不同工序自动选择并更换刀具，自动对刀，自动改变主轴转速及进给量，可连续完成钻、镗、铣、铰和攻螺纹等多种工序，大幅度减少了工件的装夹、测量时间及机床的调整时间。就中等加工难度的批量工件而言，加工中心的加工效率是普通机床的 5~10 倍。对于形状较为复杂、精度要求较高的工件或中、小批量多品种零件的加工尤为适宜。

数控加工中心可以加工平面、斜面、沟槽及各种曲面，也可以进行钻孔、扩孔、铰孔、镗孔及螺纹加工。

在模具零件中，数控加工中心可用于模板类零件的孔系加工，以及具有复杂轮廓或曲面的模具型腔、型芯的加工及成形电极的加工。

（2）数控加工中心的分类及特点　数控加工中心的分类方法很多，按照主轴位置的不同，可分为卧式加工中心、立式加工中心和万能加工中心；按照加工工艺的不同，可分为镗铣加工中心、车削中心、五面加工中心和车铣复合加工装备等；按照控制轴数的不同，可分为三轴加工中心、四轴加工中心和五轴加工中心（见图 5-21）等。

卧式加工中心指主轴轴线与工作台平行设置的加工中心，如图 5-22 所示一般具有分度

转台或数控转台，可加工工件的各个侧面，也可作多
个坐标的联合运动，主要适用于加工箱体类零件。

立式加工中心是主轴轴线与工作台垂直设置的加
工中心，如图 5-23 所示，主要适用于板类、盘类、模
具及小型壳体类复杂零件的加工。

镗铣加工中心是发展最早、应用最广的加工中
心，也是最为常见的加工中心，其主要工艺能力以镗
铣为主，还可以进行钻、扩、铰、锪和攻螺纹等加
工。镗铣加工中心的加工对象主要包括盘、套和板等
平面类零件，箱体类零件及凸轮、整体叶轮、球面类
和模具类等带有复杂曲面的零件。

图 5-21　五轴数控加工中心

图 5-22　卧式加工中心

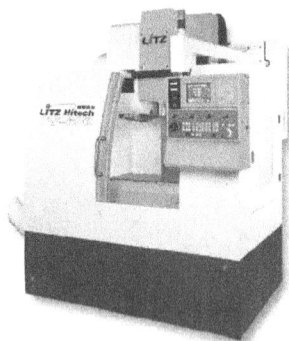

图 5-23　立式加工中心

车削中心是在数控车床的基础上，配置刀库和机械手，使之可选择使用刀具的数量大幅
度增加的加工设备，如图 5-24 所示。车削中心主要以车削为主，还可进行铣、钻、扩、铰
和攻螺纹等加工，其加工对象主要包括复杂零件的锥面、以复杂曲线为母线的回转体及零件
上径向孔、键槽、凸轮槽、螺旋槽、锥螺纹和变螺距螺纹的加工。

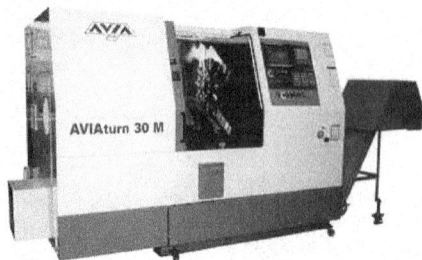

图 5-24　车削中心

图 5-25　五面加工中心

五面加工中心除一般加工中心的功能外，最大特点是具有可立卧转换的主轴头，在数控分度工作台或数控回转工作台的支持下，可对箱体类等六面体零件实现一次装夹、五面加工，如图5-25所示。五面加工中心不仅可以大幅度减少加工辅助时间，还可减少多次装夹的定位误差对零件加工精度的影响。

车铣复合加工装备指既具有车削功能，又具备铣削功能的大型和重型加工装备，其车、铣功能同样强大，可实现对舰船用整体螺旋桨等大型复杂零件的一次装夹、多表面加工。车铣复合加工装备技术含量高，且具有明显的军工应用背景，故被西方发达国家列为国家的战略装备，通常对我国实行限制和封锁。

小知识

第一台数控机床

19世纪末，以纸为数据载体并具有辅助功能的控制系统诞生。1908年，穿孔的金属薄片互换式数据载体问世。1938年，香农在美国麻省理工学院进行了数据快速运算和传输，奠定了现代计算机，包括计算机数字控制系统的基础。

数控技术是与机床控制密切结合发展起来的。20世纪40年代末期，美国开始着手研究数控机床。1952年，美国麻省理工学院伺服机构实验室成功研制出第一台数控机床，成为世界机械工业史上一件划时代的事件。

思考与练习

1. 常用车床加工的模具零件有哪些？
2. 铣床可用于何种加工？
3. 钻床有哪些种类？各类别的主要用途是什么？
4. 模具模板平面应采用何种磨床磨削？其加工精度及表面粗糙度值范围是什么？
5. 电火花成形的加工范围是什么？
6. 电火花线切割加工的基本原理是什么？
7. 简述数控车床的加工特点及应用。
8. 数控加工中心与数控铣床的区别是什么？
9. 数控加工中心是怎样分类的？

第二节 模具制造工艺

一、模具零件的制造过程

1. 模具零件的制造步骤

模具零件的制造过程应遵循先粗后精、先主后次、先面后孔的原则，具体包括以下步骤。

1）毛坯准备阶段。模具零件制造的第一步是毛坯准备阶段，其主要内容包括零件毛坯的锻造、铸造、切割、退火及正火等。

2）毛坯加工阶段。完成模具零件毛坯的准备工作后，进入毛坯加工阶段。该阶段的主要内容是去除零件表面上大部分的加工余量，包括锯、刨、铣和粗磨等工序。

3）零件加工阶段。本阶段的主要内容是对模具零件进行半精加工和精加工，使零件各表面达到图样要求的尺寸精度和表面粗糙度，包括划线、孔加工、螺纹加工、车、铣、数控加工、热处理、磨、线切割和电火花加工等工序。

4）光整加工。本阶段是对精度和表面质量要求较高零件的已加工表面进行研磨和抛光的过程。在模具加工过程中，光整加工主要针对零件的成形部分。

5）装配与修整阶段。装配与修整是模具零件制造的最后步骤，旨在消除零件在加工过程中产生的累积误差。在模具的装配过程中，为确保模具质量，应对部分镶拼零件进行必要的钳工修配。

2. 模具零件的热处理

模具零件的热处理包括预先热处理和最终热处理两类。其中，预先热处理安排在粗加工前后，包括退火、正火和调质等，用于改善模具零件的可加工性能。最终热处理一般安排在模具零件精加工的前后，包括淬火和真空淬火等，用于提高零件材料的硬度和耐磨性。

二、模具零件的分类

模具零件可分为标准件和非标准件。其中，标准件可以直接采购到，而非标准件是需要模具制造厂自行加工制造的。

1. 标准件

标准件是根据国家标准或行业标准进行规模化制造和销售的零配件。在模具零件中，标准件可分为通用标准件和模具标准件两类。

图 5-26　通用标准件

（1）通用标准件　在模具中，较为常用的通用标准件有螺钉、螺母等螺纹紧固件，以及齿轮、齿条、键、销、轴承、弹簧、密封条和水嘴等零件，如图5-26所示。

（2）模具标准件　模具标准件是模具的重要组成部分，是缩短模具设计与制造周期，降低模具成本，提高模具质量的重要保证。

在国家标准中，关于冲模的标准件包括各种模架、上模座、下模座、凸模垫板、凸模固定板、弹压导板、导料板、承料板、凹模板、

图 5-27　冲模标准件

垫板及模柄、凸模、导套、导柱、导正销、侧刃、挡料装置和弹顶装置等，如图5-27所示。

塑料模具的标准件包括各类模架、模板、垫块及定位圈、浇口套、拉杆导柱、导套、导柱、复位杆、支承柱、推杆和推管等，如图5-28所示。

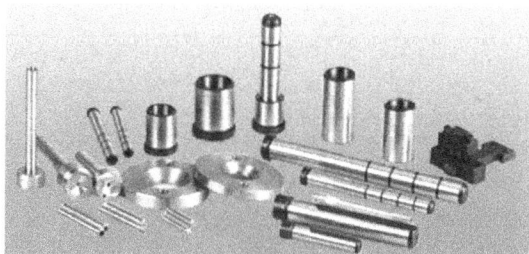

图 5-28 塑料模具的标准件

2. 非标准件

非标准件是根据模具的实际需要自行设计并加工的。根据用途的不同，非标准件可分为成形零件和非成形零件两类。

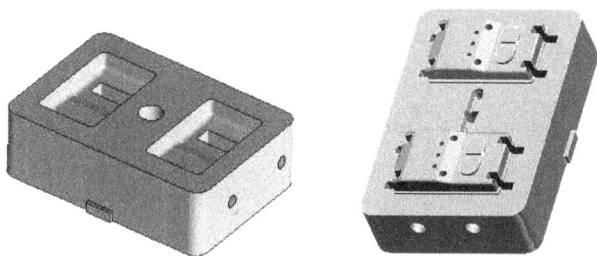

图 5-29 模具成形零件

成形零件用于成形制品的内、外表面，其加工质量直接影响产品的质量和模具的使用寿命。模具成形零件包括模具的型腔、型芯、镶件和滑块等，如图5-29所示。

非成形零件主要指各种模板类零件，如定模座板、支承板、垫块、推杆固定板、推板和动模座板等，不起成形作用的定模板和动模板也属于非成形零件，如图5-30所示。

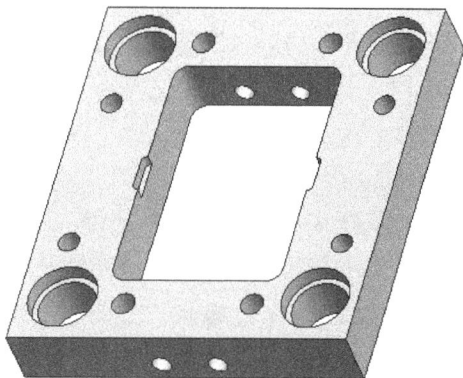

图 5-30 模具中的非成形零件

三、典型模具零件的加工工艺

1. 钥匙坠塑料注射模具概述

钥匙坠模具如图5-31所示。

钥匙坠模具零件的分类及加工情况见表5-1。

表 5-1　钥匙坠模具零件的分类及加工情况

序号	零件类别	零件号	加工情况
1	通用标准件	2、16、21、22	直接使用
2	模具标准件	5、6、9、15、18、19、20、23	直接使用或根据实际加工长度尺寸
3	非成形零件	1、3、4、7、8、12、14	模架零件,需加工后使用
4	成形零件	10、11、13、17	自行加工

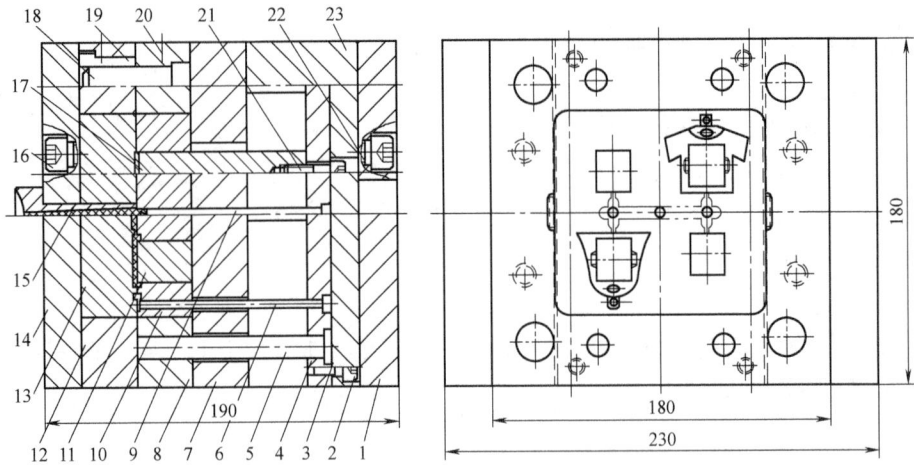

图 5-31　钥匙坠模具

1—动模座板　2—螺钉　3—推板　4—推杆固定板　5—复位杆　6—ϕ4mm推杆　7—支承板　8—动模板
9—拉料杆　10—动模型芯　11—内型芯　12—定模板　13—定模型芯　14—定模座板　15—浇口套
16、21、22—螺钉　17—推块　18—导柱　19—导套　20—加长水嘴　23—垫块

2. 典型模具零件加工工艺案例

（1）动模座板的加工　件 1 动模座板如图 5-32 所示，其加工工艺如下。

工序 1——钳工划线、钻孔。钳工根据零件图划顶出孔中心线，钻中心顶出孔 ϕ35mm。

工序 2——检验。

（2）动模板的加工　件 8 动模板如图 5-33 所示。

动模板的加工工艺如下。

工序 1——钳工划线、钻孔。钳工根据零件图划动模型芯固定孔及台阶线、水嘴过孔线，钻下刀孔。

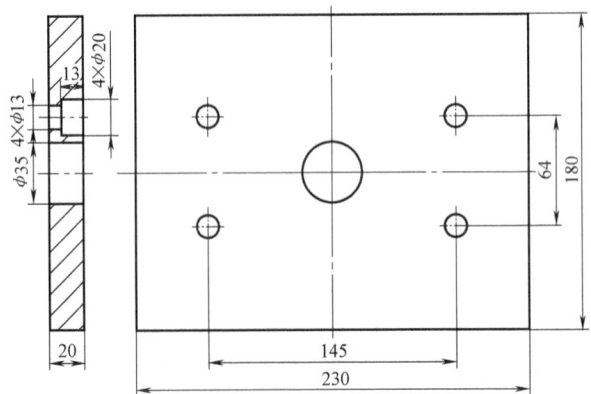

图 5-32　动模座板

工序 2——铣。与定模板组合铣动模型芯固定孔，铣台阶线。

工序 3——钳工钻孔、扩孔。与动模型芯组合钻水嘴底孔，扩水嘴过孔。

工序 4——检验。

（3）动模型芯的加工　件 10 动模型芯如图 5-34 所示。

动模型芯的加工工艺如下。

工序 1——下料。尺寸 150mm×115mm×35mm。

工序 2——铣。铣上、下两面，保证尺寸 150mm×115mm×31mm。

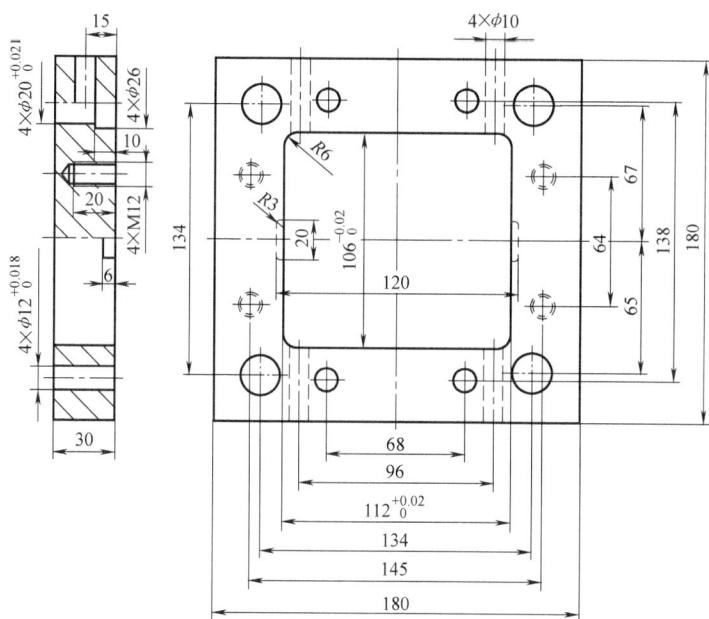

图 5-33　动模板

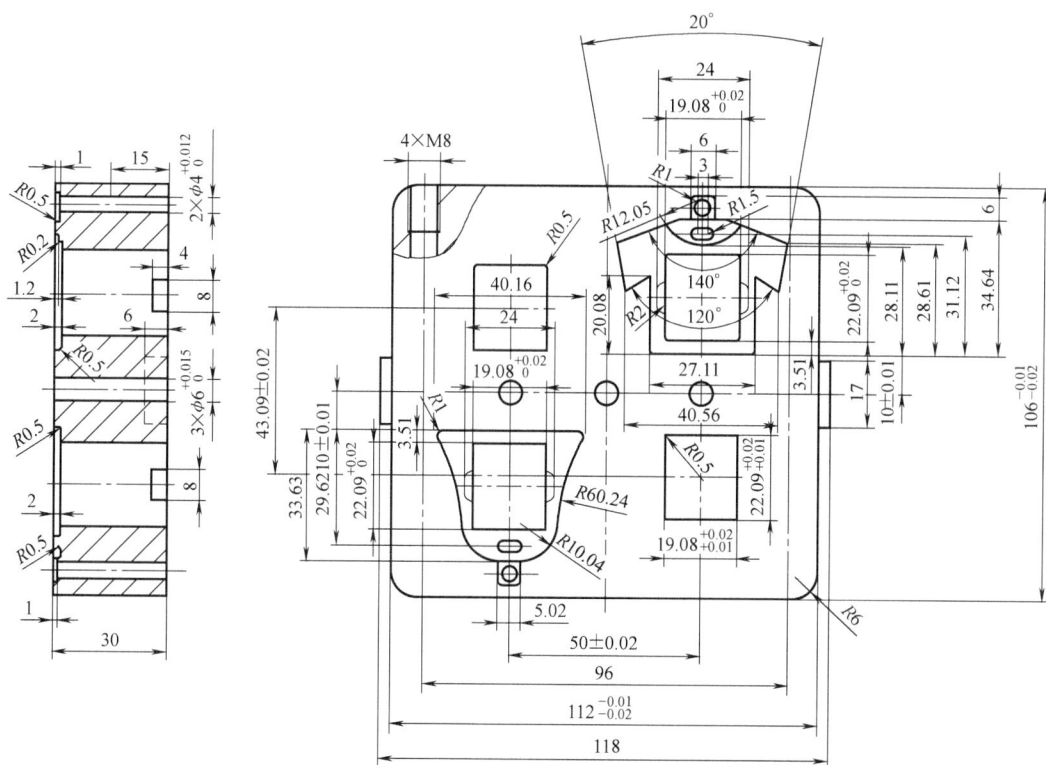

图 5-34　动模型芯

工序 3——热处理。调质至硬度 26 ~ 30HRC。

工序 4——平磨。磨上、下两面,保证尺寸 150mm × 115mm × 30mm。

工序 5——电加工。线切割加工零件外形。

工序 6——钳工划线、钻孔。钳工根据零件图划中部成形方孔线、推杆孔线、拉料杆孔线、水孔线及台阶线,钻线切割穿丝孔。

工序 7——电加工。线切割中部的成形方孔。

工序 8——铣。铣内、外部台阶。

工序 9——钳工钻孔。装入动模板后,与动模板组合加工水道底孔,与支承板、推杆固定板组合钻、铰推杆及拉料杆孔。

工序 10——电加工。电火花加工成形部分。

工序 11——钳工。钳工根据零件图划出位于型腔边缘的推出护耳线。

工序 12——铣。铣推出护耳。

工序 13——钳工。攻螺纹、抛光。攻水嘴孔口部螺纹,成形部位抛光。

工序 14——检验。

思考与练习

1. 模具零件的制造可分为哪些步骤?

2. 什么是标准件?在模具零件中,标准件应如何分类?

3. 国家标准中规定的冲模标准件有哪些?

4. 常用塑料模具标准件有哪些?

5. 模具中的非成形零件有哪些?

参 考 文 献

[1] 谢建. 模具概论 [M]. 北京：高等教育出版社，2007.

[2] 韩森和. 冷冲压工艺及模具设计与制造 [M]. 北京：高等教育出版社，2006.

[3] 付宏生. 塑料成型模具 [M]. 北京：化学工业出版社，2006.

[4] 顾京. 现代机床设备 [M]. 北京：化学工业出版社，2001.

[5] 秦涵. 模具制造实训教程 [M]. 北京：科学出版社，2008.

[6] 许发樾. 模具标准应用手册 [M]. 北京：机械工业出版社，1994.